그림책으로 더 나은
엄마가 되었습니다

그림책으로 더 나은 엄마가 되었습니다

아이와 함께 자라는 사서 엄마의 성장기

초 판 1쇄 2025년 10월 22일

지은이 김선애
펴낸이 류종렬

펴낸곳 미다스북스
본부장 임종익
편집장 이다경, 김가영
디자인 임인영, 윤가희
책임진행 이예나, 김요섭, 안채원, 김은진, 국소리

등록 2001년 3월 21일 제2001-000040호
주소 서울시 마포구 양화로 133 서교타워 711호
전화 02) 322-7802~3
팩스 02) 6007-1845
블로그 http://blog.naver.com/midasbooks
전자주소 midasbooks@hanmail.net
페이스북 https://www.facebook.com/midasbooks425
인스타그램 https://www.instagram.com/midasbooks

© 김선애, 미다스북스 2025, *Printed in Korea*.

ISBN 979-11-7355-519-0 03810

값 18,500원

※ 파본은 구입하신 서점에서 교환해드립니다.
※ 이 책에 실린 모든 콘텐츠는 미다스북스가 저작권자와의 계약에 따라 발행한 것이므로 인용하시거나 참고하실 경우 반드시 본사의 허락을 받으셔야 합니다.

미다스북스는 다음세대에게 필요한 지혜와 교양을 생각합니다.

그림책으로
더 나은
엄마가
되었습니다

아이와 함께 자라는
사서 엄마의 성장기

김선애 지음

미다스북스

프롤로그 006

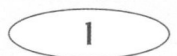

육아책 말고 그림책 읽습니다
그림책과의 재회

- 엄마의 탄생 『엄마 도감』 011
- 오늘의 나를 돌봄 『마음 정원』 020
- 엄마라는 말의 힘 『네가 가장 먼저 한 말』 028
- 어깨를 내어준다는 것 『모두의 어깨』 035
- 완벽하지 않아도 행복한 하루 『완벽한 하루』 043
- 그 누구보다 섹섹한 너에게 『엄마가 간다』 053
- 물끄러미 바라만 보더라도 『물끄러미』 059

그림책 같은 일상을 살고 있습니다
그림책으로 행복 찾기

- 평범하지만 소중한 하루 『아무 일 없었어』 069
- '함께'의 가치 『타세요, 타』 074
- 가방 너머의 '꿈' 『가방을 열면』 080
- 더불어 사는 즐거움 『쉿, 조용히!』 088
- 저마다의 속도로 『한발 늦었네』 096
- 평화로운 세상을 위해 『싸움말개』 103
- '아니'라고 말할 용기 『아니사우루스』 109

3

엄마의 행복은 그림책에 있습니다
그림책 같은 엄마의 일상

- 그럼에도 너를 사랑해 『야옹아, 안 돼』 117
- 계절을 선물한다는 것 『사계절 목욕탕』 122
- 날씨처럼 다양한 모습의 추억 『날씨 상점』 129
- 실수해도 괜찮아 『그래그래, 갖다 버리자』 138
- 우리는 누군가의 산타 『어쩌다 산타』 145
- 낯설지만 새로워 『번개 열매』 151
- 나쁜 하루에도 좋은 순간은 있어 『맙소사, 나의 나쁜 하루』 157

그림책 속에서 아이처럼 성장합니다
그림책으로 성장하는 엄마

- 누구나 그럴 때가 있어 『그럴 때가 있어』 167
- 마음의 문을 열어 봐 『저리 가! 잡아먹기 전에』 173
- 있는 그대로의 나 『뱀 머리에 털이 났대!』 179
- 어른에게 보이지 않는 것 『왜 안 보여요?』 185
- 내면을 채우는 힘 『멋진 콩』 192
- 부모라는 보호막 『바람에 날아갔어』 200
- 다정하게 안부를 묻는 방식 『오늘 뭐 했니?』 207

에필로그 214

프롤로그

어느덧 육아휴직을 마치고 도서관 현장으로 돌아온 지 두 달이 되어갑니다. 복직을 앞두고 마음이 심난했습니다. 일을 잘할 수 있을까? 일을 하며 아이들도 잘 돌볼 수 있을까? 하는 생각에 마음이 답답해졌습니다. 그러다 문득 그동안의 일상을 돌아보며 '나는 언제 가장 행복했는지'를 떠올려보니 아이들과 함께 그림책을 읽을 때였습니다.

사서로 그림책을 접할 기회가 많았고 독서 프로그램 개발과 수업도 많이 했지만 엄마가 되어 아이들과 함께한 시간만큼 진심으로, 마음을 다해 그림책을 읽었던 적은 없었던 것 같습니다. 아이가 작은 손으로 그림책을 들고 와 "엄마! 책

읽어 주세요! 또 읽어 주세요! 더 읽어 주세요!"라고 말할 때면 엄마로서 참 뿌듯하고 행복했습니다. 같은 그림책 장면을 바라보며 아이들과 많은 이야기를 나누었습니다. 길을 걷다 올려다본 하늘의 구름을 보며 그림책에서 본 장면 같다며 감탄하기도 했습니다. 오랫동안 마음을 울리는 페이지에 머무르며 감상에 젖을 때면 이 세상 모든 행복이 저에게로 온 것 같은 기분을 누렸습니다. 저는 아이에게 하고 싶은 말이 있을 때, 아이에게 알려 주고 싶은 것이 생겼을 때도 그림책으로 아이에게 말을 걸었습니다. 아이 때문에 힘든 날에도 엄마로서 역할을 잘하고 있는지 고민할 때도 언제나 저의 곁을 그림자처럼 지켜 준 것은 그림책이었습니다. 그림책은 늘 저의 곁에서 괜찮다고 마음을 토닥여 주었습니다.

마음의 양식은 채우지 못해도 아이와 함께 읽은 그림책으로 어쩌면 마음속 '나만의 그림책 서재' 하나쯤은 만들 수 있지 않을까. 아이와의 행복한 순간을 가득 담은, 우리에게 가장 소중한 것들이 저장된, 문득 살다가 힘이 들 때 들여다보는 것으로도 힘이 되는 그런 마음의 서재. '아 맞다! 그때 아이와 이런 이야기를 나누었지! 우리의 일상이 마치 그림책의 한 장면 같았지!' 하며 훗날 아이와 나의 마음을 따스하게 데워 줄 그런 마음의 서재. 그렇게 마음의 서재에 다복하게 쌓인 책만큼이나 아이와 소복하게 쌓은 다정한 순간들을 책에 담아내었습니다.

 이 책을 읽는 여러분에게도 그런 '마음의 서재' 하나쯤은 생기기를 바라는 마음으로 사랑과 진심을 담아 글을 썼습니다. 오늘도 아이들과 그림책 같은 일상을 살고 있을 모든 분들에게 이 책이 조금이나마 도움이 되기를 소망합니다.

1

육아책 말고
그림책 읽습니다

그림책과의 재회

엄마의 탄생

『엄마 도감』

엄마 도감
권정민 지음 / 웅진주니어 / 2021

"엄마가 태어났습니다. 아이와 함께."

엄마의 존재가 궁금해!

아이와 함께 엄마가 태어났습니다. 엄마는 대체 어떤 존재일까요? 푸석푸석한 엄마의 얼굴. 다크서클은 코까지 내려와 있고 눈은 제대로 뜨지도 못합니다. 피곤이 엄마의 온몸을 감싸고 있지만 아이를 번쩍 안아 줍니다. 비행기와 목말을 태워 주는 초인적인 힘도 발휘합니다. 심지어 엄마의 몸은 아이를 재우는 침대가 됩니다. 아이를 자주 안으니 팔뚝은 점점 굵어지고 뼈에서는 우두둑 소리가 납니다. 손과 발은 퉁퉁 붓습니다. 그뿐만이 아닙니다. 엄마는 아이가 먹는 것에 신경을 곤두세웁니다. 아이가 잘 먹을 때는 기분이 좋다가도 잘 먹지 않으면 자신의 입을 아~ 크게 벌리고 어떻게 해서든지 아이가 한 입 더 먹을 수 있도록 부단히 애를 씁니다. 이뿐만이 아닙니다. 엄마는 화장실도 마음 편히 가지 못합니다. 보채는 아이를 안고 화장실에 가거나 화장실 문 앞에 아이를 데려다 놓거나 여의치 않으면 아이와 함께 볼일을 봅니다.

엄마는 항상 피곤합니다. 시간과 장소를 가리지 않고 꾸벅꾸벅 졸기도 합니다. 그래도 엄마는 아이가 어떤 행동을 하는지 항상 보고 있습니다. 긴장을 늦추지 않고 아이가 위험한 상황에 처한 것 같을 땐 그 누구보다 재빠르게 달려옵니다. 때로는 지쳐 아무것도 하기 싫어도 활짝 웃는 아이를 보며 다시 힘을 냅니다. 아이의 일거수일투족에 관심이 많은 엄마는 아이가 왜 우는지, 왜 밥을 잘 먹지 않는지, 왜 잠을 자지 못하는지 궁금해합니다. 그리고 그 답을 찾으려 애씁니다. 아이를 위해 새로운 물건을 이리저리 살펴보고 책상 앞에 앉아 고민하고 생각합니다. 엄마의 커다란 가방에는 무엇이 들어 있을까요? 가방을 들여다보니 아이를 위한 기저귀, 젖병, 간식이 있습니다. 정작 엄마의 가방에서 엄마의 물건은 찾아보기 힘듭니다. 비로소 엄마는 아이를 돌보아 줄 할머니를 만나서야 마음을 놓습니다. 편하게 밥도 먹고 편하게 누워 잠이 듭니다. 아이는 그런 엄마의 밤을 가끔 지켜봅니다. 엄마의 진짜 정체는 무엇일까요?

그림책을 읽고 충격받은 이유

처음 이 그림책을 읽었을 때 세 번의 충격을 받았습니다. 첫 번째 충격은 엄마가 피곤에 절은 좀비 같은 모습으로 등장한다는 점입니다. 보통 그림책에서 엄마는 따듯하고 포근한 모습으로 등장합니다. 하지만 아이를 키우는 엄마의 진짜 현실 모습은 좀비에 더 가깝습니다. 엄마는 아이가 통잠을 자기 전까지 우는 아이를 달래고 밤에도 수유를 해야 합니다. 수시로 기저귀를 갈아주며 불편한 곳은 없는지 어디 아픈 곳은 없는지 또한 살펴야 합니다. 그래서 엄마는 마음 편히 밤에 잠을 잘 수 없습니다. 그러다 결국 피곤을 이기지 못하고 아이 앞에서 꾸벅꾸벅 졸기도 합니다. 어떤 날은 아이를 재우다 먼저 잠이 듭니다. 엄마는 그 사실에 깜짝 놀라 부리나케 일어나서는 아이의 상태를 확인하며 안심합니다. 너무 피곤할 때는 누워서 놀아 주는 방식을 택하기도 합니다. 활기차고 생기 있는 엄마보다는 늘 피곤하고 힘이 없는 진짜 현실 속 엄마의 모습을 그려 냈다는 점에서 놀라고 또 공감되었습니다.

두 번째 충격은 엄마가 '되었다'가 아닌 엄마가 '태어났다고' 표현한 부분입니다. 저는 엄마가 '된다'고만 생각했지 엄마도 아이처럼 '태어났다'고 생각해 본 적이 없습니다. 그런데 "엄마는 아기와 함께 태어나는 신생 인류입니다."라는 작가의 말처럼 엄마는 처음부터 엄마가 아니었습니다. 아이가 태어나고 나서야 비로소 엄마가 됩니다. '되다'는 어떤 상태로 변화하거나 '이르다'라는 뜻에 가깝지만 '태어나다'는 전에 없던 무언가가 새롭게 '탄생하다'는 의미가 좀 더 강합니다. 엄마가 '되었다'는 말에는 나라는 사람에게 엄마라는 역할이 추가되었다는 뉘앙스가 있지만 엄마가 '태어났다'는 말은 기존의 나에서 아예 새로운 사람이 탄생했다는 의미가 좀 더 강합니다.

갓 태어난 아이만큼 갓 태어난 엄마에게도 세상은 낯설고 두렵고 무섭습니다. 모든 것이 서툴지만 아이를 위해 모든 수고로움을 감내하며 버텨 내야 합니다. 엄마라는 역할을 잘 수행하고 있는지, 자신에게 엄마의 자격은 있는 것인지 끊임없이 고민하고 또 괴로워합니다. 아이를 키우는 위대하고도 대단한 일을 하고 있지만 엄마는 자신에게 많은 격려와 응원을 보내기는커녕 엄마니까 이 정도의 애씀은 당연한 것이라며 스스로를 닦달합니다.

세 번째 충격은 아이도 엄마에게 무척이나 관심이 있다는 사실입니다. 『엄마 도감』이라는 책의 제목에서 알 수 있듯 아이는 엄마의 생김새부터 몸의 구조와 기능, 신체, 가방 속 물건에 이르기까지 엄마의 모든 것에 관심을 기울이고 관찰하며 엄마는 어떤 사람일까 궁금해합니다. 그동안 아이를 키우는데 엄마만 애쓰고 전전긍긍하는 줄 알았는데 아이도 엄마를 곁에서 지켜보고 있다는 사실. 엄마도 밥을 잘 챙겨 먹기를, 엄마 물건도 잘 챙기기를, 아이만큼 엄마 자신도 잘 돌보기를 바라는 아이의 모습이 감동으로 다가왔습니다. 그동안 엄마의 애씀을 알아주는 것 같았습니다. 엄마만큼 아이도 엄마를 걱정하고 궁금해한다는 것. 아이도 언제나 엄마를 따듯한 시선으로 바라보고 있었다는 것. 서로가 서로를 다정하게 바라보고 격려하고 있다는 것이 그 어떤 것보다도 더 큰 위로가 되었습니다.

엄마가 되어 비로소 알게 된 것들

엄마의 시선은 늘 아이에게 향해있습니다. 아이를 키우며 당연하게 생각했던 것들이 얼마나 당연하지 않은 것인지 깨닫습니다. 엄마가 되기 전에는 언제나 따듯한 밥과 반찬을 먹는 것이, 피곤할 때면 아무 때나 침대에 누워 잠을 청할 수 있는 것이, 보고 싶은 드라마나 영화를 밤늦게까지 보는 것이, 먹고 싶은 음식을 마음껏 먹을 수 있는 것이 당연한 일이었습니다. 그런데 엄마가 되고 나서는 이 모든 것들이 특별한 일이 되었습니다. 식은 밥과 반찬을 먹고 아이를 돌보느라 제때 눕지도 못하고 취미생활도 마음껏 하지 못하고 아이에게 해가 될까 음식도 가려먹는 삶으로의 변화. 이러한 변화가 불편할 때도 있지만 누군가를 진심으로 사랑하고 보살펴주는 일이, 누군가의 엄마가 되는 일이, 곁에서 한 아이의 성장을 지켜보는 일이 얼마나 경이롭고 행복한 일인지 엄마가 되지 않았더라면 결코 알지 못했을 겁니다.

때로 엄마라는 삶이 버겁게 느껴질 때가 있습니다. 그럴 때면 작은 씨앗으로 저에게 온 처음의 순간이 생각납니다. 잎망울을 터트리고 따사로운 꽃처럼 뱃속에서 무럭무럭 자라 발그레한 얼굴을 내밀며 수줍게 울음을 터트린 순간을 떠올립니다. 소록소록 나비잠을 자는 아이를 보며 품 안에서 꼬물거렸던 움직임을 생각합니다. 그 작은 씨앗이 튼튼히 뿌리를 내리고 어여쁘게 새싹을 틔워 마침내 봉곳봉곳 터트린 꽃망울이 지금 나의 곁에 있는 아이라는 것을, 세상에 나오기까지 품 안에서 분주하게 애쓰던 그때의 작은 꿈틀거림의 순간. 이 감동을 어찌 말로 다 표현할 수가 있을까요?

아이도 엄마를 바라봅니다

아이는 곤히 자는 엄마를 바라봅니다. 그리고 엄마의 밤을 헤아려봅니다. 엄마의 밤은 그 누구보다 바쁩니다. 아이가 언제 깰지 몰라 항상 긴장하며 잠이 들고 울음소리가 들리면 곧바로 몸을 일으켜 아이부터 살핍니다. 아이의 울음과 '왜?'라는 물음 사이에서 이성과 모성을 잃지 않으려 간신히 몸을 진정시키려 애쓰는 엄마의 수많은 밤.

누군가의 밤을 밝혀 주는 일. 누군가의 밤에 맑고 투명한 이슬을 놓아주는 일. 밤의 또 다른 말은 사랑과 희생이 아닐까요? 아이를 품에 안고 돌본 지난날의 밤은 결코 헛되지 않았음을. 아이는 나의 수고로움으로 한 뼘 더 자랐을 테고 아이의 성장은 엄마를 기쁘게 만듭니다. 새까만 밤을 마주하는 일은 아직도 꽤나 서글프고 쓸쓸하지만 아이와 함께 밤을 맞이하는 건 인생에서 몇 안 되는 짧은 순간일지 모릅니다. 이제는 그림책 속 엄마의 모습에 슬퍼하기보다 아이를 돌보느라 힘들었던 지난날의 밤을 푸근하게 보듬어 주고 싶습니다. 앞으로 마주할 밤을 쓸쓸해하지 않고 포근히 안아 줄 수 있는 마음이 이제야 조금은 생긴 것 같아 마음이 조금은 놓입니다.

그림책이 던지는 질문

Q. 아이의 눈에 비친 엄마(나)는 어떤 모습인가요?
Q. 엄마가 되었음을 실감하는 순간은 언제인가요?

오늘의 나를 돌봄

『마음 정원』

마음 정원
임수현 지음, 안효림 그림 / 발견(키즈엠) / 2021

"마음 정원에서는 할 일이 아주 많아요."

마음에도 정원이 있다는 사실을 아시나요?

마음 정원은 우리 마음속 깊은 곳에 있습니다. 이 정원은 나만 들어갈 수 있는 비밀 정원입니다. 마음 정원에서는 어떤 일들을 해야 할까요? 마음이 잘 자랄 수 있도록 정원에 씨앗을 심고 씨앗이 움트며 줄기가 잘 자랄 때까지 기다려야 합니다. 이뿐만이 아닙니다. 많은 꽃과 나무가 자랄 수 있도록 정성을 쏟아야 합니다. 정원이 풍족해졌다고 마음을 놓아서도 안 됩니다. 순식간에 슬픔이 찾아와 정원을 엉망으로 만들 수도 있기 때문입니다. 바싹 메마른 마음은 과감하게 자르고 혼자 감당하기 힘들면 주변 사람들의 힘을 빌려야 합니다. 날마다 조금씩 웃음과 행복을 모아 정원을 보살핀다면 우리의 정원은 다시 살아날 것입니다.

당신의 마음 정원은 어떤 모습인가요?

마음 가꾸는 일은 중요합니다. 식물만큼이나 우리의 마음도 매일 들여다보고 끊임없는 관심과 사랑을 주어야 합니다. 엄마가 되고 나서 가장 힘들었던 건 바로 '마음을 다스리는 일'이었습니다. 흔히 임신과 출산이라고 하면 떠오르는 이미지가 있습니다. 온화하고 인자한 표정으로 아이를 안고 있는 엄마. 새근새근 편안한 표정으로 잠든 아이. 가족 모두가 행복하고 웃는 표정으로 아이를 맞이하는 장면입니다. 하지만 아이와 함께하는 일상은 생각하고 상상했던 모습과는 전혀 다른 모습이었습니다. 아이를 달래고 먹이고 재우느라 잠도 제대로 자지 못해 수척해진 얼굴. 아이가 왜 우는지 알지 못해 아이를 안고 달래다 같이 울기도 합니다. 제때 끼니를 챙겨 먹지 못해 라면이나 과자로 대충 배를 채웁니다. 이런 모습들은 대부분 본 적도 상상해 본 적도 없으니 어딘지 모르게 배신감이 들기도 하고 서럽기도 합니다.

엄마라서 행복하지만 슬픈 이유

수많은 육아책이 있지만 아이를 키우는 고됨에 대해서만 주로 이야기합니다. 어떻게 하면 엄마가 된 자신의 마음을 잘 다스릴 수 있는지는 잘 말하지 않습니다. 우는 아이를 달래는 법, 수유하는 법, 아이를 재우는 법, 아이를 다루는 기술과 방법은 손만 뻗으면 많은 정보를 얻을 수 있지만 아이를 낳아 행복한데 왜 자꾸만 눈물이 나는 건지, 눈물이 날 때는 어떻게 해야 하는지, 아이를 돌보는 일은 좋은데 왜 우울한 감정이 들기도 하는 건지, 갑자기 찾아오는 우울감을 어떻게 대처해야 하는지, 이런 감정이 정상인 것인지에 대해서는 말해 주는 사람은 얼마 없습니다. 그저 몸의 변화, 호르몬의 불균형 때문이라며 "다른 사람들도 다 똑같아. 시간이 지나면 괜찮아질 거야."라고만 말합니다. 하지만 이따금 불쑥 찾아오는 우울감을 잠재워 주지 못합니다.

아이를 낳고 백일이 되기 전까지 조금씩 아픈 곳이 생겼습니다. 뻐근한 어깨와 목, 두통, 눈의 염증까지. 병원을 들락거리며 진료를 받고 약을 먹는 일이 반복되는 일이 생기니 아이에게 미안한 마음이 들었습니다. 엄마가 건강해야 아이를 잘 돌볼 수 있기 때문입니다. 병원에 다니면서 진료를 받고 약을 먹으며 통증은 줄었지만, 여전히 마음은 불편하고 답답하고 괴로운 나날들이 한동안 계속되었습니다.

그러던 어느 날 안과에 갔는데 의사 선생님께서 "요즘 많이 피곤하세요?"라고 물으셨습니다. 이 말을 들은 순간 갑자기 눈물이 쏟아졌습니다. 아이를 낳고 피곤한 나날을 보내고 있던 차에 심지어 피곤하다는 말도 항상 달고 살았는데 왜 피곤하냐는 말에 눈물이 쏟아진 것일까요? 아마도 아이를 키우며 피곤함을 느끼는 상황이 반복되다 보니 마음에 굳은살처럼 피곤이 박인 것 같습니다. 그렇게 피곤에 무뎌졌다고 생각했는데 오히려 이것이 마음을 더 아프게 만들었나 봅니다. 나의 마음은 외면한 채 엄마의 역할을 잘 수행하고 있다며 뿌듯해하고 애써 모른 척하다 감정이 폭발한 것은 아닌지…. 엄마라면 당연히 이 정도의 고통은 감내해야 한다며 마음을 돌아볼 여유가 사라지니 억눌려 있던 슬픔이 폭발한 것입니다.

> "마음이 지옥 같은 날, 모든 게 실패한 것 같은 날일수록 보다 공들여 웃고 감사하고 인사하자. 나를 위해서. 내 마음을 지키기 위해서."
>
> 『어른의 행복은 조용하다』, 태수, 페이지2북스

엄마이기 전에 '나'

진료실을 나오며 곰곰이 생각해 보았습니다. 피곤이 더 굳어지기 전에 내가 좋아하는 것, 나를 행복하게 만드는 것은 무엇인지를. 무너지지 않기 위해 무뎌지는 것을 선택했던 지난날. 아이와 함께하는 순간은 소중하지만 나를 잃지 않는 것도 그에 못지않게 중요하다는 사실을 깨달았습니다. 굳은

살은 원래 굳은살이 아니었던 것처럼 마음도 다시 말랑말랑해질 필요가 있습니다.

  아이를 낳으면 많은 것들이 '내가'에서 '애가'로 바뀝니다. 내가 먹고 싶은 것, 듣고 싶은 음악, 가고 싶은 곳에서 애가 먹고 싶은 것, 애가 듣고 싶은 음악, 애가 가고 싶은 곳으로 말입니다. 주체가 '아이'로 바뀌면서 엄마는 조금씩 자신의 것을 포기하고 아이에게 모든 초점을 맞춰갑니다. 삶의 주체는 '나'인데 '아이'로 바뀌니 조금씩 삶의 균열이 오기 시작하고, 엄마라면 이 정도의 희생쯤을 감수하며 살아가는 것이라는 생각에 점점 마음이 메말라갑니다. 그러다 보니 아이를 돌보는 일이 마냥 행복하기보다 힘에 부치고 그러다 아이에게 덜컥 화를 내거나 짜증을 냅니다. 아이와 함께하는 순간도 물론 소중합니다. 하지만 그만큼이나 나를 잃지 않는 것도 중요합니다. 엄마이기 이전에 '나'이기도 하다는 것을 잊어서는 안 됩니다.

오늘의 나를 돌보기

　내 인생의 아이라는 무게추가 더해져도 크게 흔들리지 않고 균형을 유지하며 살아가는 방법은 무엇일까요? 바로 '오늘의 나를 돌봄'입니다. 그날 이후로 저는 '하면 기분 좋아지는 것들, 내가 좋아하는 것들'을 조금씩 하기 시작했습니다. 집안일할 때 듣고 싶은 팝송 음악 듣기, 아이가 밤잠에 들면 좋아하는 유튜버 영상 보기(단 다음 날 지장이 있지 않게 30분 내로), 아이가 낮잠 잘 때 집안일하지 않고 같이 낮잠 자거나 아무것도 안 하고 누워있기, 시간이 있으면 조금이라도 글쓰기, 책 읽기. 아이를 돌보며 지금의 내가 할 수 있는 것들. 크고 거창한 것이 아닌 나를 행복하게 만드는 소소한 것들을 하니 메말라 있던 마음이 조금씩 촉촉해지고 푸르러지기 시작했습니다. 조금씩 마음의 안정을 되찾으니 아팠던 부분들이 나아졌습니다. 그저 버티는 것이 능사가 아니라 아이를 챙기는 것만큼 오늘의 나를 챙기는 일은 나와 아이를 위해서도 꼭 필요한 일임을 잊지 말아야겠습니다. 엄마에게는 마음 정원의 문을 열고 날마다 마음을 들여다보고 조금씩 웃음과 행복을 모으는 것이 필요합니다. 지금부터라도 '오늘의 나를 챙기는 일'에 소홀해서는 안 되겠습니다.

그림책이 던지는 질문

Q. 여러분의 마음 정원은 어떤가요?
Q. '오늘의 나를 돌봄'을 위한 일에는 무엇이 있을지 차근차근 생각해 봅시다.

엄마라는 말의 힘

『네가 가장 먼저 한 말』

네가 가장 먼저 한 말
진선호 지음, 낭소 그림 / 다림 / 2022

"네가 작은 아기였을 때
가장 먼저 한 말은 '엄마'였단다."

네가 가장 먼저 나에게 한 말

세상에 태어난 아이가 가장 먼저 한 말은 무엇일까요? 바로 '엄마'입니다. 봉숭아 꽃잎처럼 작고 빨간 입술로, 가끔은 모두가 깜짝 놀랄 만큼 큰소리로, 어떨 땐 천사만 들을 수 있을 만큼 작은 목소리로 아이는 '엄마'를 부릅니다. 그 조그만

입으로 '엄마'라고 부를 때마다 엄마는 참 설레고 행복합니다. 세상 모든 것이 엄마로 보이는 마법에 걸린 아이에게 엄마는 이 세상의 전부입니다. 아이는 조금씩 자라며 '엄마'라는 말 말고도 많은 이름을 배우고 말할 수 있게 됩니다. 하지만 속상한 일로 마음이 무겁고 서러울 때 누구라도 부르고 싶을 땐 아기였을 때처럼 언제든 '엄마'를 불러 주기를 소망합니다.

이 그림책은 남편이 도서관 자료실 신간 코너에서 살펴보다 제가 읽으면 좋을 것 같다며 빌려다 준 책입니다. 저는 감성적이고 눈물이 많은 사람인 반면 남편은 이성적이고 웬만하면 눈물을 흘리지 않습니다. 남편은 아이를 첫 품에 안았을 때도 말로는 감동적이었다고 했지만 눈물은 흘리지 않았습니다. 그런데 이 그림책을 읽고는 조금 눈시울이 붉어졌다고 했습니다. 아이 태어났을 때가 생각나기도 했고 처음 '엄마'라는 말을 했을 때의 감동이 다시 떠올랐다고 말입니다.

'엄마'라는 말의 힘

아이가 처음으로 "엄마"라고 말한 날을 기억합니다. "마, 음마, 어마"라고 옹알이를 하다가 "엄마"라고 정확하게 말했을 때의 감동은 아직도 잊을 수 없습니다. 오랜 시간과 정성을 들여 물을 주고 햇볕을 쬐어주고 관심을 준 화분에서 어느 날 고개를 쏘옥 내민 새싹을 발견했을 때의 기쁨과도 비슷하다고 해야 할까요? 아이 입에서 "엄마"라는 말을 듣자마자 "지금 뭐라고 말한 거야? 엄마라고 했어?"라며 아이를 부둥켜안고 눈물을 펑펑 흘렸습니다. 엄마라는 존재를 드디어 인식하고 엄마를 "엄마"라고 불러 주었을 때, 아이가 엄마를 진짜 엄마로 인식한다는 생각에 감동이 밀려왔습니다. 아이 때문에 밤에 제대로 잠도 자지 못하고 수시로 깨며 아이를 돌본 지난날의 피로가 한꺼번에 씻겨 내려가는 기분이었습니다.

'엄마'라는 말에는 참 많은 뜻이 담겨 있습니다. 낯선 것을 발견했을 때 놀라 부르는 '엄마'. 기분이 좋을 때 감탄사처럼 내뱉는 '엄마'. 배가 고플 때 부르는 '엄마'. 잠꼬대로 살포시 부르는 '엄마'. 넘어져 다쳤을 때 부르는 '엄마'. 떼를 쓸 때 부르는 '엄마'. 엄마는 아이가 '엄마'라고 부르기만 해도 아이가 어떤 상황에서 자신을 불렀는지, 어떤 심정인지 알아차리고 상황을 해결합니다.

서로에게 가장 다정한 말 '엄마'

엄마에게도 '엄마'라는 말은 참 마법 같은 말입니다. 엄마는 배가 고프지 않아도 아이를 위해 요리합니다. 아이와 같이 지내는 공간을 위해 귀찮고 하기 싫은 청소도 거뜬히 해냅니다. 별로 좋아하지 않지만 아이가 좋아하는 약식을 먹으며 다음에 또 같이 사 먹자는 약속을 주저 없이 합니다. 아이와 엄마, 서로에게 이토록 다정하고 한없이 따뜻한 말은 아마도 '엄마'라는 말밖에 없을 겁니다. 하지만 아이는 커가며 엄마 말고도 다른 말들을 할 수 있게 됩니다. 그리고 세상을 알아가며 더 많은 이름과 마주합니다. 아이가 자라며 엄마라고 부르는 횟수도 줄어들고 서서히 엄마와 보내는 시간도 줄어듭니다. 참 서운하고 슬픈 일입니다. 하지만 어떤 상황에서도 아이에게 '엄마'라는 말이 부담이 아니라 쉽게 내뱉을 수 있는 말이 되었으면 좋겠습니다. 세상을 살다가 힘이 들 때, 외로울 때, 방향을 잃었을 때, 좋은 일이 생겼을 때, 그냥 아무 이유 없을 때도 '엄마'라는 말이 가장 먼저 떠오르는 말이 되었으면 좋겠습니다. 그래서 저는 아이와 함께하는 모든 순간에 언제나 최선을 다하고 싶습니다.

지금 당장은 기억하지 못하더라도 살다 보면 가끔 잊고 있던 기억이 불현듯 떠오를 때가 있습니다. 나를 품에 안고 흥얼거리는 엄마의 자장가 노랫소리. 늦게 퇴근하던 날이면 방문을 열고 들어와 나의 발을 조몰락거리던 아빠의 따뜻한 손. 비 오는 날 우산을 들고 학교 앞에서 기다리던 엄마의 반가운 손짓. 고열이 나 시름시름 앓는 나를 위해 대야 가득 물을 담아와 손수건에 묻혀 연신 몸을 닦으며 간호하던 아빠의 어렴풋한 그림자. 잊고 있다고 생각했던 기억은 어느 순간 찾아와 지친 나를 포근하게 안아 줍니다.

세상을 살다 보면 때로는 넘어져 울기도 하고 다시 일어서기 힘들어 비틀거릴 때도 있습니다. 주저앉아 엉엉 울고 싶을 때도 있을 겁니다. 하지만 아이와 부모가 차곡차곡 쌓아 온 순간들은 추억으로 저장되어 훗날 아이가 세상을 살아가는 데 큰 힘이 되어 준다고 믿습니다. 아이와 부모가 성실하게 쌓은 추억은 아이에게 큰 위로와 힘이 됩니다. 세상 앞으로 다시 나올 수 있는 용기도 줍니다. 슬픔을 훌훌 털고 다시 일어나게 합니다. 이것이 제가 아이와의 순간을 결코 허투루 보낼 수 없는 가장 큰 이유입니다. 그리하여 엄마는 항상 아이와의 순간에 최선을 다합니다. 부족한 것은 없는지 살피고 더 나은 방향으로 나아가기 위해 끊임없이 자신과 아이를 성찰하는 일을 매일 같이 합니다.

다시 '엄마'라는 이름으로

하지만 때로 '엄마'라는 소리를 모른 척하고 싶을 때가 있습니다. 너무 피곤하고 힘들어 아이가 보이지 않는 곳에서 몰래 잠시 쉬고 있을 때. 아이를 돌보는 일에 모든 에너지를 쏟아서 더 이상 놀아 줄 힘이 남아 있지 않을 때. 아이가 이유도 없이 (물론 이유가 있겠지만 그 이유를 알 수 없을 때) 떼를 쓰거나 울면서 짜증을 낼 때 그렇습니다. 차마 '엄마'라는 소리를 외면할 수 없어 간신히 아이의 부름에 응답할 때 엄마를 보고 웃어 주는 아이의 미소가, 사랑한다고 말하는 아이의 입술이, 엄마를 찾았다고 안도하는 아이의 표정이 저를 다시금 엄마로서 살아가게 만듭니다. 엄마에게 그러하듯 아이에게도 자신을 보며 항상 환하게 웃어 주는 엄마의 모습이, 다정하게 안아 주는 따뜻한 엄마의 품이, 그냥 '엄마'라는 말과 존재 자체가 아이에게 언제나 힘이 되면 좋겠습니다.

그림책이 던지는 질문

Q. 아이가 처음으로 '엄마'라고 불렀을 때를 기억하시나요? 어떤 감정이 들었나요?

Q. 여러분은 아이에게 어떤 존재가 되어 주고 싶은가요?

어깨를 내어준다는 것

『모두의 어깨』

모두의 어깨
이지미 지음 / 모든요일그림책 / 2024

"주위를 둘러봐. 어깨를 빌려줄 누군가가
네 곁에 있을 테니까."

너와 나, 우리 모두의 어깨

한 아이가 가방을 메고 집을 나섭니다. 어느새 아이는 사람들에게 둘러싸입니다. 사람들은 각자의 일상을 살아가느라 바쁩니다. 교통경찰 아저씨는 도로를 정리하느라 학생들은 학교에 가느라 택배 아저씨는 택배를 정리하고 나르느라 사람들은 회사에 가느라 바쁩니다. 학교에 도착한 아이는 지친 나머지 꾸벅꾸벅 졸기도 합니다. 지치고 힘들 땐 어떻게 할까요? 잠시 쉬어가면 됩니다. 친구들과 맛있는 급식을 먹고 좋아하는 음악에 맞춰 덩실덩실 춤을 추기도 하고 숨이 찰 때까지 놀면 됩니다. 때로는 욕심에 넘어지고 실수하기도 합니다. 하지만 괜찮습니다. 나의 곁에는 어깨를 빌려줄 소중한 사람들이 있으니 말입니다. 함께 기대어 쉴 수 있는 우리 모두의 '어깨'가 있습니다.

한 아이의 시선을 따라가다 보면 다양한 사람들과 마주하게 됩니다. 등굣길, 학교, 공원에서 마주한 사람들은 저마다의 일상을 살아갑니다. 어깨에 짊어진 삶의 무게는 각자 다르지만 주어진 오늘 하루를 열심히 살아갑니다. 때로는 어깨에 진 짐이 너무 무거워 주저앉고 싶을 때가 있습니다. 때로는 그저 쉬고 싶을 때도 있습니다. 하지만 그때마다 포기하지 않고 삶을 이어 나가는 것은 나의 짐을 덜어 주는 사람들이 있기 때문입니다. 어깨의 크기는 그리 중요하지 않습니다. 누군가 내어준 어깨에 기대는 것만으로도 큰 힘이 됩니다.

어깨를 내어준다는 것

어깨를 빌려준다는 것은 나를 소중히 여긴다는 뜻과도 같습니다. 생각처럼 다른 사람에게 어깨를 내어주는 일은 쉽지 않습니다. 슬픔을 나누는 일보다 기쁨을 나누는 일이 더 어렵기 때문입니다. 요즘 둘째 아이에게 "엄마 어깨 잡아."라는 말을 가장 많이 합니다. 기저귀를 갈아줄 때 신발을 신겨줄 때 아이는 작은 손으로 저의 어깨를 꼭 잡습니다. 아이는 저의 어깨에 의지합니다. 저는 아이의 눈높이에 맞춰 어깨를 낮추고 내어줍니다. 작은 손으로 저의 어깨를 꼭 쥐고 있는 아이의 모습을 보고 있으면 정말 귀엽습니다. 그런데 아이가 어깨를 제대로 잡지 않으면 어떻게 될까요? 바로 중심을 잃고 넘어집니다. 제가 어깨를 제대로 내어주지 않으면 아이는 어떻게 될까요? 아이는 어디를 잡고 의지해야 할지 몰라 허둥지둥하다 넘어질 수 있습니다. 가장 중요한 것은 서로의 어깨를 맞추며 서로를 믿고 의지하는 것입니다.

"애정과 책임감이 결합했을 때, 인간은 '이런 일은 못해'라는 익숙한 방어기제를 부수고 '이런 일도 얼마든지 해낼 수 있어'라는 자신감을 갖게 된다."

『나를 돌보지 않는 나에게』, 정여울, 김영사

어깨를 나눈다는 것

아이를 낳고 남편과 어깨가 무겁다는 말을 자주 합니다. 이제 혼자가 아닌 아이들을 돌보는 부모가 되니 삶의 책임감이 더욱 막중해졌습니다. 아이를 어떻게 키워야 할까? 육아에 정답은 없기에 항상 어렵습니다. 영상을 보여 주어야 할까? 학습지를 시켜야 할까? 학원에 보내야 할까? 고민이 될 때면 남편과 이야기를 나눕니다. 서로 이야기를 나누다 보면 정답은 아니더라도 적어도 어떤 방향으로 나아가야 하는지 갈피를 잡을 수 있습니다. 서로의 고민과 짐을 나누고 나면 어깨가 한결 가벼워집니다. 아이를 향한 애정과 부모의 책임감이 더해져 예전의 나라면 전혀 못 할 것 같은 일들도 아이를 위해서라면 용기가 생깁니다. 우물쭈물 많은 사람 앞에서 한 마디도 못했던 내가 아이가 궁금하다면 손을 번쩍 들고 질문을 합니다. 나서는 것을 싫어했던 내가 운동회의 계주에 자발적으로 참여해 열심히 달립니다. 겁이 많았던 내가 먼저 동물들에게 다가가 먹이를 주는 씩씩한 엄마가 됩니다.

무너진 나를 일으켜준 어깨

문득 출근하던 아빠의 뒷모습을 보고 울었던 기억이 떠오릅니다. 아빠는 한 번도 제 앞에서 일하러 가기 싫다는 말을 내뱉은 적이 없었습니다. 남들이 다 쉬는 휴일에 일을 하러 나가실 때도 있었지만 군소리 하나 없이 일하러 나가셨습니다. 성실하게 묵묵하게 일을 하러 가는 아빠의 뒷모습이 가끔 떠오를 때가 있습니다. 한번은 출근하는 아빠의 뒷모습을 베란다 창문으로 지켜보다가 운 적이 있습니다. 그날따라 유독 아빠의 어깨가 처져 보였기 때문입니다. 중요한 시험에 떨어지고 어떻게 해야 하나 갈팡질팡하던 시기였는데 멀어져가는 아빠의 뒷모습을 보니 죄송하다는 생각이 들었습니다. 아빠에게 또 하나의 짐을 드린 것 같은 미안함 때문입니다. 남들은 취업해서 돈도 벌고 자기 앞가림도 하며 잘 살아가는데 나는 부모님께 또 하나의 무거운 짐을 드렸으니…. 눈물을 훌쩍거리다 저는 다시 책상 앞에 앉아 공부를 시작했습니다. 무너져 가는 저를 잡아 준 것은 다름 아닌 아빠의 어깨였습니다.

어깨는 내어줄 때 의미 있는 것

우리는 수많은 사람들과 어깨를 부딪치며 또는 어깨를 견주며 살아갑니다. 학교, 직장, 사회에서 누가 더 공부를 잘하나, 누가 더 일을 잘하나, 누가 더 뛰어난지 끊임없이 경쟁해야 합니다. 좋은 학교에 들어가기 위해 더 많은 연봉을 받기 위해 더 높은 지위를 얻기 위해 말입니다. 경쟁 속에서 우리는 점점 지쳐 갑니다. 남들보다 더 뛰어나다는 것을 증명하기 위해서는 많은 노력이 필요한데 쉼 없이 달리기만 하는 것은 무척이나 힘이 듭니다. 그런데 잠깐의 휴식이라도 가지려 하면 낙오자 혹은 패배자로 여깁니다. 하지만 어떻게 매번 달릴 수가 있을까요? 모두가 앞만 보고 달려가는 것 같지만 주위를 둘러보면 실수로 넘어지는 사람도 있습니다. 길에 잘못 든 사람도 있고 속도를 줄이고 달리는 사람도 있습니다. 그럴 땐 서로의 어깨를 나란히 해 보는 것은 어떨까요? 쉬엄쉬엄 이야기도 나누어 보고, 다른 사람의 이야기를 들어도 보는 겁니다. 서로 같은 풍경을 바라보기도 하고 어깨를 토닥여 주기도 하고 힘들었겠다며 어깨를 주물러 주기도 하면서 말입니다. 서로 어깨를 나눈다는 것은 그만큼 서로에게 큰 힘이 되는 존재가 되었다는 것을 의미합니다. 나의 어깨에 내가 기댈 수는 없습니다. 어깨는 남에게 내어줄 때 비로소 가치가 있습니다.

제가 어깨가 아프다고 하니 둘째 아이가 달려와 어깨를 주물러 줍니다. 마사지가 아니라 사실 간지러움에 가깝습니다. 그래도 엄마를 생각하는 마음이 예뻐 입가에 미소가 번집니다. 어깨를 내리고 아이와 눈을 맞추고 고맙다는 인사를 건넵니다. 지금은 한없이 어깨를 낮추고 아이의 손을 잡고 걸어야 하지만 시간이 지나면 아이는 어느새 저의 어깨를 훌쩍 넘어설 날이 올 겁니다. 그럴 때면 작은 손으로 저의 어깨를 조몰락거렸던 오늘이 생각날 것 같습니다. 여러분은 누군가에게 어깨가 되어 준 적이 있나요?

그림책이 던지는 질문

Q. 누군가에게 어깨를 내어준 적이 있나요?
Q. 힘들 때 나에게 힘이 된 사람이 있다면?

완벽하지 않아도 행복한 하루

『완벽한 하루』

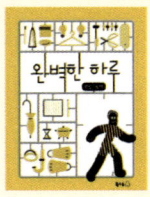

완벽한 하루
박밀 지음 / 북극곰 / 2024

"몸도 마음도 편안했어요.
물론 계획대로 된 일은 하나도 없었지만요."

완벽한 하루를 꿈꾸는 사람들에게

그렁이는 꼭 필요한 물건만 집에 들이고 언제나 제자리에 물건을 정리합니다. 그리고 매일 아침 '오늘 할 일'을 적으며 완벽한 하루를 꿈꿉니다. 오늘의 할 일은 날씨 확인, 버스 타고 세 정거장 이동, 생일 케이크 사기, 집으로 돌아올 때 떡볶이 사기. 그렁이는 오늘 하루를 완벽하게 마무리할 수 있을까요?

 그런데 시작부터 순탄하지만은 않습니다. 시간 맞춰 집을 나섰지만 버스를 놓치고 맙니다. 그렁이는 잠시 망설이다 걸어서 이동합니다. 이뿐만이 아닙니다. 케이크를 사러 빵집에 가지만 다 팔려 어쩔 수 없이 모자를 삽니다. 생일 파티를 마치고 집으로 돌아가는 길에 떡볶이만 사면 오늘의 할 일은 끝. 아뿔싸! 오늘은 떡볶이 가게가 쉬는 날입니다. 결국 빈손으로 집에 돌아온 그렁이는 오늘 하루 계획한 일은 하나도 이루지 못했지만 행복한 오늘이었다며 하루를 마무리합니다. 그렁이가 완벽하지 않아도 행복하다고 할 수 있었던 이유는 무엇일까요?

 그렁이의 하루를 보고 있으면 정말 눈물이 그렁그렁 맺힐 만큼 안타깝고 아쉬운 일들의 연속입니다. 모든 것을 준비하고 계획하지만 갑자기 생기는 변수가 그렁이의 하루를 방해합니다. 하지만 이 변수들이 마냥 슬프지 않습니다. 버스를 놓쳤지만 운동 삼아 걸을 수 있습니다. 비를 피하기 위해 가져온 우산은 쨍쨍 내리쬐는 햇빛을 가리는 일에 대신 씁니다. 케이크가 다 팔려 대신 사 간 모자는 초대받은 친구들 모두가 케이크를 사 오는 바람에 더욱 특별해집니다. 비록 떡볶이 가게가 문을 닫아 빈손으로 집에 돌아오게 되지만 지난번 책 정리를 도와줘서 고맙다며 이웃이 주고 간 따뜻한 김치부침개를 먹을 수 있습니다. 그런 그렁이는 창문으로 비가 내리는 것을 보고 버스에 두고 내린 우산을 생각하며 아쉬워하지 않습니다. 누군가가 나의 우산으로 비를 피할 수 있게 되었다며 오히려 잘된 일이라고 이야기합니다. 계획한 일에 차질이 생기면 화가 날 법도 한데 이 속에서 자신의 행복을 찾고 침착하게 대응하는 그렁이의 모습이 인상에 남습니다.

삶에 변수가 끼어들 때

저는 직장에서 일할 때 출근하면 늘 '오늘 해야 할 일'을 적었습니다. 퇴근 전, 계획한 일들을 다 하면 줄을 쭉 그으며 뿌듯함을 느끼곤 했습니다. 계획한 일들을 모두 마친 날에는 유능한 사람이 된 것 같은 기분이 들었습니다. 그런데 아이를 낳고 난 후로 더 이상 '오늘 해야 할 일'을 적는 것이 무의미해졌습니다. 계획한 일들이 모두 이루어진 적이 단 하루도 없기 때문입니다. 그래서 처음에는 변수에 대비하고 하루의 일정을 세우기 위해 아이의 수유시간, 낮잠과 밤잠시간, 이유식 시간과 횟수 등을 기록하고 남편과 기록을 공유했습니다. 그런데 육아책에 나와 있는 것처럼 아이가 시간 맞춰 배고파하지 않았습니다. 권장시간대로 낮잠과 밤잠을 자는 것도 아니었습니다. 분명 육아책에는 이렇게 하면 된다고 설명하고 있지만 오히려 현실은 아무리 해 봤자 소용이 없다고 말하는 것 같았습니다. 기록을 하며 아이의 패턴을 파악하고 아이와의 생활에서 발생하는 변수를 대처하려고 했지만 오히려 기록에만 집착하는 결과를 낳았습니다. 그리고 변수가 생기면 엄청 스트레스를 받았습니다. 어느 날은 아이가 낮잠 하나를 건너뛰기도 하고 하루 종일 엄마에게 매달려 징징거리기도 하고 분명 어젯밤까지 아픈 곳이 하나도 없었는데 다음 날 아침, 갑자기 열이 나는 바람에 저를 무척 당황하게 만들기도 했습니다.

예측이 가능하다면 분명 육아는 어려운 영역이 아닙니다. 하지만 수많은 변수들이 육아를 힘들게 만듭니다. 변수 속에서도 흔들림 없이 평정심을 유지하며 아이를 키우고 싶지만 쉽지 않습니다. 어떻게 하면 변수로 가득한 일상에서 행복을 찾을 수 있을까요? 그 해답은 바로 변수와 함께 살아가고 있다는 사실을 받아들이는 것. 피할 수 없다면 즐겨라! 생각해 보면 비록 아이가 낮잠 하나를 건너뛰었지만 피곤하다고 떼를 쓰거나 징징거리지 않았습니다. 오히려 다른 때보다 더 잘 놀았습니다. 하루 종일 아이가 징징대는 바람에 밥을 한 끼도 제대로 먹지 못한 날도 있었지만 대신 오랜만에 남편과 먹고 싶었던 음식을 배달시켜 먹었습니다. 아이가 아픈 날에는 엄마부터 잘 챙겨 먹어야 한다며 바리바리 반찬을 가져온 친정엄마 덕에 냉장고가 풍족해졌습니다. 계획이 틀어졌다고 화를 내고 슬퍼하기보다 마음을 내려놓고 그렁이처럼 변수를 긍정적으로 받아들이고 소소한 행복을 찾는 것이 삶을 더 행복하게 만들어 주는 것은 아닐까요?

완벽하지 않아도 행복할 수 있는 이유

 알 수 없는 변수에 일상의 전부를 맡기며 좌지우지되지 않기. 변수로 가득한 일상에서도 꿋꿋하게 일상을 이어가기. 어떤 변수가 오더라도 그 속에서 행복을 잃지 않고 사는 사람이 되고 싶습니다. 완벽하지 않지만 행복한 하루로 마무리할 수 있는 것은 오로지 자신의 마음가짐에 달려 있습니다. 완벽하지 않아서 불행한 하루가 아니라 완벽하지는 않아도 행복한 하루가 될 수 있다는 것. 그러니 우리의 하루는 언제나 행복이라는 마침표를 찍을 수 있습니다.

 어린이집 학예회를 일주일 앞둔 때였습니다. 하원을 하고 집에 돌아온 첫째 아이가 "엄마! 행복하세요."라고 인사를 건넸습니다. 그 말을 들은 순간 당황스러웠습니다. 그런 말을 알려 준 적이 없었기 때문입니다. "뭐라고 말했어? 엄마가 잘 못 들었어. 다시 말해 줄 수 있어?"라고 하니 "행복하세요. 여러분 행복하세요~" 노래를 부르더군요. 알고 보니 학예회에서 부를 노래의 가사였습니다. 그런데 저는 아이의 노래를 듣는데 점점 눈시울이 붉어졌습니다. 작고 올망졸망한 입으로 자신의 안녕도 아니고 '여러분의 행복'을 비는 아이의 모습이 너무나 사랑스러워 보였기 때문입니다. 저는 아이에게 "그런데 행복이 뭔 줄 알아?"라고 물었습니다. 그러자 아이는 "행복은 기분이 좋은 거예요."라고 대답했습니다. 대답을 듣고 저는 복받치는 감정을 애써 삼키며 "맞아. 행복은 기분이 좋은 거지."라고 말해 주었습니다.

행복이란 무엇인지 다시 생각하다

그동안 행복은 어떤 조건을 충족했을 때 만족하는 상태라고 생각했습니다. 저의 행복에는 항상 조건이 따라붙었습니다. 학창 시절에는 좋은 점수를 받으면, 원하는 학교에 진학하면 행복할 것 같았습니다. 대학을 졸업하고 나서는 좋은 직장에 들어가면 이라는 조건이 또 붙었습니다. 직장에 들어와서는 매일 반복되는 하루에 지루함을 느끼고 값싼 항공권을 검색하는 재미에 살았습니다. 가성비 좋은 호텔을 찾아 예약하며 여행을 떠날 날을 기다리는 행복이 일상의 스트레스를 날려 주었습니다. 스스로 설정한 기다림의 시간은 그 어떤 기다림보다 견딜 만했습니다. 낯선 곳, 낯선 풍경에서 마주하는 새로운 일상은 살아갈 또 다른 힘이 되었습니다. 결혼을 하고는 아이를 낳으면 이라는 또 다른 조건이 붙었습니다. 그토록 바랐던 아이를 품에 안았을 때는 한 번도 경험해 보지 못한 날것의 행복을 느끼기도 했습니다. 코끝에 아이의 냄새가 스칠 때마다 아이의 손을 만질 때마다 아이의 볼을 비빌 때마다 웃음이 헤실헤실 새어 나왔습니다.

그러나 아이와 함께하는 일상이 항상 즐겁지만은 않았음을 고백합니다. 아이가 보챌 때, 말을 듣지 않을 때, 아플 때, 떼를 쓸 때, 아이의 마음을 도무지 알 수 없을 때, 졸린데 잠은 안 잘 때. 답답함에 가슴이 뻐근해지고 답답함에 눈물이 주르륵 떨어지기도 했습니다. 하지만 아이의 웃음은 저의 마음을 소리도 없이 녹이고 흔적도 없이 눈물을 닦아 주었습니다. 아이 때문에 힘들었다가도 아이 덕분에 다시금 힘을 내는 하루의 반복. 아이가 조금만 더 크면 편해질 거라는 주변 사람들의 말에 그날만을 기다리는 저의 모습이 어느 순간 부끄러웠습니다.

"행복이란 오로지 일상을 위한, 일상에 의한 일상의 행복이다."

『아주 보통의 행복』, 최인철, 21세기북스

평범한 일상을 사는 행복

식탁에 둘러앉아 가족과 함께 식사하는 것. 아이들을 무릎에 앉히고 그림책을 읽어 주는 것. 길을 지나가다 떨어진 대추를 함께 줍는 것. 하얀 눈길에 우리만의 발자국을 남기는 것. 베란다에 누워 하늘을 바라보는 것. 손을 잡고 아이가 이끄는 대로 걸어가는 것. 벤치에 앉아 간식을 먹는 것. 아이를 낳고 돌보며 비록 완벽한 하루와는 조금 멀어졌지만 행복한 하루와는 훨씬 더 가까워졌습니다. 눈부시게 찬란한 매일은 아니지만 눈에 익은 잔잔한 일상이 어쩌면 지금 이 순간을 가장 행복하게 만들어 줍니다.

행복은 추구하는 것이 아니라 기분 좋음을 느끼는 것이라는 가장 단순하고도 명확한 진리를 아이의 말을 통해 다시금 깨닫습니다. 행복을 좇지 않고 행복을 있는 그대로 느끼기!

이것이야말로 지금의 내가 할 수 있는 최선임을 아이의 말을 통해 배웁니다.

> **그림책이 던지는 질문**
>
> Q. 완벽한 하루는 아니었지만 그럼에도 행복한 하루를 보낸 적이 있다면?
> Q. 행복이란 무엇일까요?

그 누구보다 씩씩한 너에게

『엄마가 간다!』

엄마가 간다!
김진미 지음 / 길벗어린이 / 2022

"엄마! 걱정하지 마."

엄마 없이도 잘할 수 있을까?

오늘은 동물원으로 소풍 가는 날! 아이에게 김밥의 크기는 알맞을지, 춥지는 않을지, 모자를 써야 할지 말아야 할지, 차멀미는 하지 않을지 엄마의 고민은 이만저만이 아닙니다. 엄마가 소풍 갈 준비를 하고 설거지를 하는 사이, 소풍 갈 생각에 신난 아이는 씩씩하게 혼자 잘 다녀올 수 있다며 걱정하지 말라고 당당하게 문을 열고 집을 나섭니다. 하지만 너무 신이 나서였을까요? 그만 도시락을 빼먹습니다. 엄마는 도시락을 들고 부리나케 아이를 쫓아가지만 아이가 탄 버스는 출발해 버립니다. 엄마는 자전거 페달을 밟아 소풍 장소인 동물원에 도착합니다. 그런데 아이가 엄마 없이도 잘 수 있을지 궁금한 나머지 도시락을 주고만 오려다 아이를 쫓아다니며 관찰을 시작하는데…. 과연 엄마는 무사히 아이에게 들키지 않고 도시락을 잘 전달할 수 있을까요?

이 그림책의 포인트는 엄마가 아이에게 들키지 않으려 몰래 숨어서 지켜보다가 동물들에게 온갖 수모를 당하는 장면입니다. 나무에서 떨어지고 심지어 하마 입속으로 들어가기도 하지만 엄마는 씩씩하게 아픔을 털고 일어납니다. 다소 비현실적이지만 아이를 향한 엄마의 걱정을 기발하고도 유쾌한 상상으로 풀어 냈다는 점이 이 책의 큰 즐거움입니다. 이 수모는 엄마가 혼자 자초한 일이니 그 누구를 탓할 수 없습니다. 하지만 그럼에도 엄마가 아픔을 무릅쓰고 다시 일어날 수 있는 이유는 바로 아이를 향한 사랑과 걱정 때문입니다. 그런데 엄마의 걱정과는 달리 아이는 친구들에게 거미와 하마에 대해 설명합니다. 원숭이를 보러 가다 넘어지지만 이 정도는 괜찮다며 씩씩하게 일어납니다. 또 땅에 떨어진 아기 새를 살포시 손으로 감싸 둥지에 데려다주는 따듯한 마음도 보여 줍니다.

엄마! 걱정하지 마!

아이가 집으로 돌아갈 시간이 되자 엄마는 다시 열심히 자전거 페달을 밟아 아이를 맞이하러 갑니다. 저는 이 모습이 유쾌하면서도 한편으로는 짠하게 다가왔습니다. 엄마들은 걱정이 많습니다. '아이가 나 없이도 잘할 수 있을까?'라는 생각에 걱정이 꼬리에 꼬리를 물 때가 많습니다. 하지만 책을 읽으며 생각보다 아이들은 강하다는 것을 느꼈습니다. 걱정투성이인 엄마와는 다르게 씩씩하게 세상을 헤쳐 나가는 아이. 소풍을 마치고 엄마를 향해 달려오면서 "엄마! 나 걱정했어?"라며 오히려 엄마를 걱정하는 아이의 말이 자꾸만 마음속에서 맴돌았습니다. "하나도 걱정 안 했어."라는 말과 다르게 엄마의 옷에는 나뭇잎이 덕지덕지 붙어있고 어딘지 모르게 초췌해 보입니다. 이것은 동물원에서 몰래 아이를 지켜보다가 동물들에게 겪은 수모 때문입니다. 그런데 자세히 보면 엄마뿐 아니라 아이를 데리러 나온 다른 사람에게도 나뭇잎이 붙어있습니다. 사실 동물원에서 아이를 몰래 지켜본 것은 엄마만이 아니었습니다. 책 속에서 서로가 서로의 존재를 미처 알아채지 못하고 있지만 소풍을 나온 아이의 할머니, 아빠, 엄마들이라는 것을 독자인 우리는 알 수 있습니다. 아이를 만난 사람들의 표정은 모두 밝습니다. 아이가 소풍을 잘 마치고 무사히 돌아온 것에 대한 기쁨과 반가움에서 비롯된 것입니다.

책을 읽으며 첫째 아이가 어린이집에 등원한 첫날이 떠올랐습니다. 일주일의 적응 기간을 끝내고 엄마와 헤어져 어린이집 일과를 모두 마치고 오는 날. 아이를 등원시키는데 걱정이 되어 "어린이집 가서 선생님 말씀 잘 듣고 친구들이랑 사이좋게 놀고 와. 밥도 잘 먹고 낮잠도 잘 자고 끝나면 엄마가 데리러 갈게!"라고 말해 주었습니다. 아직은 엄마와 헤어지는 것이 어려웠던 첫째 아이는 눈물을 뚝뚝 흘리면서 안으라는 말만 반복했습니다. 꼭 안아 주고 뽀뽀해 주며 아이를 달래고 어린이집 문을 나서는데 마음이 편치 않았습니다.

엄마의 불안은 아이에게 전염된다

집으로 돌아와서도 아이가 잘 놀았는지, 밥은 잘 먹었는지, 낮잠은 잘 잤는지 궁금해 집안일이 손에 들어오지 않았습니다. 그러다 하원할 시간에 맞춰 아이를 데리러 갔는데 저의 걱정과는 다르게 환하게 웃으며 아이가 저의 품으로 달려왔습니다. "엄마!"라는 아이의 외침에 그동안의 걱정이 순식간에 사라졌습니다. 처음에는 엄마와 헤어지는 것이 힘들어 울었지만 교실에 들어가니 금세 울음을 그치고 간식도 잘 먹고 재밌게 놀았다는 선생님의 말씀에 비로소 마음을 놓았습니다. 이제는 시간이 흘러 어린이집에 잘 적응하고 엄마와 씩씩하게 헤어져 교실로 들어갈 만큼 성장했습니다. 가끔 컨디션이 좋지 않거나 혼이 난 날에는 울먹거리기도 하지만 그래도 아이가 오늘 하루를 씩씩하게 잘 보낼 것이라 믿습니다. 마음은 아프지만 엄마가 약한 모습을 보이면 아이에게 그대로 불안이 전달된다는 것을 알기 때문입니다. 엄마의 괜한 걱정은 아이에게 괜한 불안을 심어 줍니다. 걱정을 할 수 있지만 과한 걱정은 아이에게도 엄마에게도 해가 됩니다. 엄마는 불안의 영역에 아이와 함께 있는 것이 아니라 불안 바깥으로 먼저 나가 아이 스스로 나올 수 있도록 응원과 격려를 해 주는 것 아닐까요? 오늘도 씩씩하게 집을 나서는 아이의 등 뒤로 "오늘도 파이팅!"이라는 인사를 건네 봅니다. 어쩌면 이 인사는 저에게도 건네는 말일지도 모르겠습니다.

그림책이 던지는 질문

- **Q.** 엄마의 걱정과 달리 아이가 씩씩하게 일상을 보내고 온 경험이 있다면 이야기해 봅시다.
- **Q.** 걱정하는 아이에게 어떤 말을 해 주고 싶나요?

물끄러미 바라만 보더라도

『물끄러미』

물끄러미
덩컨 비디 지음, 김은재 옮김 / 키즈엠 / 2016

"미소를 짓는 것만으로도 보기에 훨씬 낫지 않아?"

그저 바라만 보는 너에게

물끄러미 바라보는 것을 좋아하는 곰이 있습니다. 물끄러미…. 그렇게 만나는 친구마다 곰은 물끄러미 바라볼 뿐입니다. 하지만 친구들은 곰이 불편합니다. 기분 나쁘게 쳐다보는 것 같기도 하고, 무엇을 하는지 감시하는 것 같기도 합니다. 친구들은 아무 말 없이 그저 바라보는 곰이 못마땅해 결국 자리를 피하고 쫓아내고 코를 꽉 깨물기도 합니다. 그냥 바라만 보았을 뿐인데…. 실은 곰은 친구들과 놀고 싶은데 어떻게 해야 할지 몰라 아무 말도 하지 못했다고 말합니다. 그러다 한 개구리를 만납니다. 개구리는 커다란 눈을 뜨고 한동안 곰을 물끄러미 쳐다봅니다. 친구들에게 무슨 말을 해야 할지 모르겠다는 곰에게 개구리는 어떤 조언을 해 줄까요? 곰은 이제 더 이상 물끄러미 바라보기만 하지 않고 친구를 사귈 수 있을까요?

그림책을 읽으며 곰이 우리 첫째 아이와 참 닮았다는 생각이 들었습니다. 다른 사람을 만났을 때 인사하라고 하면 다가가기는 하는데 멀뚱멀뚱 쳐다만 보거나 다시 엄마, 아빠 품으로 돌아와 안기는 일이 많았습니다. 새로운 장소에 가거나 새로운 친구들을 만나야 할 때면 더욱 긴장도가 올라갔습니다. 아예 들어가지 않겠다고 하거나 손을 꽉 붙잡으며 엄마, 아빠 곁을 떨어지지 않으려고 했습니다. 누구나 낯선 것에 긴장을 하지만 우리 아이는 다른 아이들보다 더 낯을 가렸습니다. 두 팔을 올리고 부들부들 떠는 동작을 하며 "부끄러워요. 쑥스러워요."라고 말했습니다. 그래서 낯선 장소에 가면 아이의 손에 비타민을 쥐여주며 "친구들에게 하나씩 나누어 줄까?" 하고 친구들에게 조금씩 다가갈 수 있도록 도와주었습니다. 무작정 가서 인사를 건네는 것은 어려워했지만 비타민을 나누어주는 것은 곧잘 했습니다. 비타민을 받아 든 친구도 웃으며 좋아하니 예전보다 친구에 대한 긴장을 덜었습니다.

그저 물끄러미 바라만 보더라도

한 번은 옆 동네에 물감놀이를 할 수 있는 곳이 생겼다는 소식을 듣고 아이와 찾아간 적이 있습니다. 교실은 아이들이 수업하는 것을 볼 수 있도록 통유리창으로 되어 있었고 부모를 위한 테이블과 의자가 있었습니다. 알록달록 물감들. 집에서는 쉽게 해 줄 수 없는 놀이라 수업에 대한 기대감이 점점 높아만 갔습니다. 수업 시간이 되자 삼삼오오 아이들이 교실 문 앞으로 몰려들기 시작했고 선생님은 능숙하게 아이들을 교실로 데리고 갔습니다. 자리에 앉아 수업을 받는 아이의 모습을 보는 것이 처음이라 그런지 무척이나 신기했습니다. 어린이집에서 저런 모습이겠구나. 선생님의 말, 손짓 하나하나에 집중하며 물감과 붓을 건네받은 아이들은 교실 창문을 스케치북 삼아 쓱쓱 자신만의 그림 세계를 펼치기 시작했습니다. 딱 우리 첫째 아이만 빼고 말입니다. 수업한 지 오 분도 되지 않아 아이는 교실 밖으로 나왔습니다. "안 할래요." 이유를 묻자 "안 하고 싶어요."라는 말만 반복했습니다. "엄마랑 같이 들어가 볼까?" 아이를 어르고 달래 손을 잡고 교실 문을 열고 다시 들어가 보았습니다. 다른 아이들은 호기심 가득한 표정으로 색칠도 하고 비눗방울을 터트리며 즐거워하는데 우리 아이만 의자에 앉아 물끄러미 친구들이 하는 모습을 지켜보았습니다. 슬쩍 혼자 교실 밖으로 나와 앉아 있는데 아이는 또 교실 문을 열고 밖으로 나왔습니다. "안 할래요." 아이는 교실에 들어가는 대신 로비 한쪽에 마련되어 있는 놀이공간에서 혼자 자동차를 가지고 놀기 시작했습니다.

  자꾸 교실을 들락날락하면 수업에 방해가 되고 아이는 싫다는데 계속 들어가라고 할 수도 없고…. 옆에 앉은 엄마들은 아이들 사진도 찍고 수다를 떠느라 바쁘고…. 아이와 엄마들 그 어디에도 제가 끼어들 틈은 없어 보였습니다. 수업료가 아깝다는 생각과 얼른 수업 시간이 끝나기를 바라며 하염없이 혼자 노는 아이를 원망 가득한 눈빛으로 바라보았습니다. 씁쓸한 마음으로 도착한 집. 아이는 엄마의 마음을 아는지 모르는지 옷을 벗고 책 한 권을 가져와 읽기 시작했습니다. 아까와는 다르게 편안한 표정이었습니다. 그 모습을 보고 있자니 새로운 경험을 하게 해 주고 싶은 엄마의 욕심에 아이를 괜히 힘들게 한 것 같아 미안한 마음이 들었습니다. 그런데 그때 "낯설어서 그랬어요. 선생님도, 친구들도." 아이는 저에게 뒤늦게 오늘 수업에 참여하지 않은 이유를 말해 주었습니다.

너의 마음을 먼저 바라볼게

엄마의 욕심이 앞선 날에는 이렇게 마음의 탈이 생깁니다. 그날 낮잠을 자고 일어난 아이와 함께 산책을 하는데 "엄마! 이 자동차는 우리 아파트 차 아니야. 처음 보는 거예요." 자세히 보니 우리 아파트 자동차 스티커가 붙어 있지 않았습니다. "이 빨간 자동차는 오늘 여기 주차했네. 매번 끝자리에 주차하는데." 아이는 제가 생각하지 못한 것들을 발견하고 재잘재잘 이야기합니다. 매일 마주하는 것에서 아무것도 느끼지 못하고 생각도 하지 않는 저와 달리 아이는 익숙한 것에서 새로움을 찾았습니다. 그저 다 똑같아 보여도 아이가 마주하는 세상이 사소한 것들이 새로운 자극이 될 수 있다는 것을 깨달은 순간이었습니다.

아이에게 그동안 경험해 보지 못한 것들을 하게 해준다며 욕심을 부리기보다 아이의 관심을 함께 해주고 사소한 변화를 같이 찾아봐 주는 노력이 더 필요하지 않았을까…. 만약 좀 전의 상황으로 돌아간다면 답답한 마음으로 아이를 달래고 다그치기보다 "그래. 싫을 수도 있지. 그럼 엄마랑 얼른 집으로 가서 놀까?" 아이의 손을 잡고 나올 수 있는 의연함이 좀 더 필요하지 않았을까 하는 후회가 밀려왔습니다.

"동물이, 아이가, 남편이, 아내가 뭘 필요로 하는지 모르고 무엇이 상대에게 최선인지 정한 내 선입견과 상대를 통제하려는 욕망을 버릴 수 없다면 내 사랑은 파괴적이다."

『우리는 여전히 삶을 사랑하는가』, 에리히 프롬, 김영사

    처음 가는 곳, 처음 보는 사람이 있으면 먼저 아는 척을 하거나 인사하기보다 여기가 어떤 곳인지 눈에 익히고 어떤 사람들이 있는지 관찰하고 탐색할 시간이 아이에게 필요하다는 것. 아이에게 충분히 이곳은 어떤 장소인지, 어떤 사람들이 올 것인지, 우리가 오늘 무엇을 할 것인지 미리 이야기해 주는 것. 아이에게 무엇이 필요한지 모르고 욕심을 부리고 아이를 통제하려는 태도보다 천천히 재촉하지 않고 묵묵히 기다려 주는 것. '물끄러미' 바라만 보는 아이를 한심하게 여기거나 원망의 눈빛으로 바라보지 않는 것. 앞으로는 파괴적인 사랑이 아닌 품어주는 사랑을 해야겠다고 다짐했습니다. 지긋이 아이의 머리부터 발끝까지 바라봅니다. 꽉 안아 줍니다. 한 걸음 더 나아가 이제는 아이가 물끄러미 자신을 바라만 보는 사람을 만나게 된다면 먼저 환하게 미소를 짓는 사람이 되어 주기를 소망합니다.

그림책이 던지는 질문

Q. '물끄러미' 바라만 보는 아이에게 무슨 말을 해 주고 싶나요?
Q. 아이가 가장 좋아하는 것은 무엇이며 요즘 어떤 것에 관심이 있나요?

2

그림책 같은 일상을
살고 있습니다

그림책으로 행복 찾기

평범하지만 소중한 하루

『아무 일 없었어』

아무 일 없었어
마르크 얀선 지음, 이경화 옮김 / 주니어김영사 / 2019

"어쩌면 무슨 일이 생길지도 몰라.
생각만 해도 신나는 일 말이야."

오늘 하루, 어떻게 보냈나요?

사라와 닉은 보드라운 하얀 털 위에 누워 오늘 하루를 어떻게 보냈는지 이야기 나눕니다. 무언가 하긴 했지만 신나는 일은 없었다고 말하는 닉. 하지만 닉은 호랑이 머리 위에서 물구나무를 서고 바다에서 고래와 수영도 했습니다. 악어의 입에서 잠깐 앉아서 쉬기도 하고 엄청 많은 쥐가 뛰어가는 것도 보았습니다. 하지만 아무 일도 없었다며 도리어 사라에게 오늘 하루가 어땠는지 묻습니다. 닉의 질문에 사라도 특별한 일은 없었다고 말합니다. 아침에는 코끼리가 건네준 사과를 먹고 코끼리 코에서 미끄럼틀을 탔지만 말입니다. 해질 무렵에는 곰 인형과 예쁜 나비를 봅니다. 하지만 닉과 사라는 오늘 하루 자신들에게 일어난 일을 '아무런 일이 아니었다'고 이야기합니다. 둘은 내일 같이 놀자고 약속하며 북극곰의 털 위에서 포근한 잠을 청합니다.

그림책의 텍스트만 보면 닉과 사라의 하루는 정말 아무 일도 일어나지 않은 지극히 평범한 하루입니다. "수영을 했어. 친구와 인사를 했어. 미끄럼틀을 탔어." 하지만 그림과 함께 읽으면 현실에서 일어날 법하지 않은 환상적이고도 특별한 일들이 가득하다는 사실을 알 수 있습니다. 고래와 수영하는 일, 아무렇지 않게 맹수인 사자와 인사를 하는 일, 코끼리 코를 미끄럼틀 삼아 노는 일은 현실에서는 절대 일어날 수 없는 일입니다. 작가는 화려한 색채와 상상을 더한 그림을 통해 아이들의 평범한 일상을 신기하고 신비로운 일들로 바꾸어 놓습니다. 마치 꿈속에서 일어날 법한 일들처럼 말입니다.

오늘 뭐가 제일 재밌었어?

어린이집 여름방학에 아이들과 대형 키즈카페에 다녀왔습니다. 천장에서는 볼풀 공이 와르르 떨어지고 회전목마, 짚라인, 에어바운스도 있는 놀거리가 가득한 그야말로 아이들의 천국. 정글짐을 헤치며 미끄럼틀도 타고 공을 던지면서 신나게 노는 아이들의 모습을 보고 있자니 절로 흐뭇해졌습니다. 이용 시간을 꽉 채우고 집으로 돌아오는 길은 아이들에게 특별한 하루를 선사했다는 뿌듯함에 발걸음이 절로 경쾌했습니다. 그날 밤 평소처럼 자기 전에 "오늘은 뭐가 제일 재미있었어?"라고 물었는데 "저녁에 할머니가 해주신 콩자반 먹은 게 재미있었어요."라고 첫째 아이가 대답했습니다. 이런 대답을 듣고 싶은 게 아니었는데…. 기껏 돈과 시간을 들여 키즈카페에 데려갔더니 콩자반 먹은 게 재미있었다니! 아이의 말을 듣고 순간 머리가 멍해졌습니다. 그런데 이런 일은 한두 번이 아니었습니다.

얼마 전 할머니, 할아버지, 삼촌과 다 같이 키즈펜션으로 놀러 갔습니다. 마당에는 아이들이 좋아하는 온갖 종류의 탈 것 장난감들이 있었습니다. 들어오라고 해도 노느라 마당에서 들어오지도 않고 해가 질 때까지 땀을 뻘뻘 흘리며 열심히 놀았습니다. 아침에 눈을 뜨자마자 또 마당으로 가서 노는 아이들을 보며 다음에 기회가 되면 한 번 더 데리고 오고 싶다는 마음이 들었습니다. 집으로 돌아와 그날 밤에도 똑같은 질문을 건넸는데 첫째 아이는 "집에 와서 버스 가지고 논 게 재미있었어요."라고 대답했습니다. 실컷 재밌게 놀고 와서는 매일 집에서 가지고 노는 버스가 재미있다니….

평범한 것도 특별할 수 있어!

이 그림책을 읽으며 그동안 저의 질문에 답한 아이의 말들이 떠올랐습니다. 어쩌면 지극히 평범한 것들이 아이에게는 특별할 수도 있겠구나! 매일 가지고 노는 자동차 장난감이, 일주일에 두세 번 식탁에 오르는 콩자반이, 매일 밤 거실에 이불 깔고 뒹굴뒹굴하는 시간이 얼마나 특별한 일이 될 수 있는지 말입니다. 아이와 놀아 주고 재우고 요리하고 밥을 차리고 집안일하는 반복되는 일상에 지쳐 지루함을 느끼고 있던 저에게 이 그림책은 큰 울림이 되었습니다.

평범한 일상이 비범하다고 느껴질 때 인생은 불행해집니다. 분명 저는 머나먼 미래에 식탁에 다 같이 둘러앉아 밥을 먹고 아이와 함께 설거지하고 무릎에 앉은 아이에게 그림책을 읽어 주는 지극히 평범한 오늘을 그리워할 겁니다. 아이의 하루에 특별함을 선사해 주는 일도 물론 필요합니다. 하지만 아이의 평범한 일상 그 자체가 얼마나 소중하고 특별한 것인지를 알기에 오늘의 아이에게, 나에게, 최선을 다하는 것이 더 중요하지 않을까요? 그러기에 오늘의 하루에 아이가 있음에 감사하며 살아가야겠습니다.

그림책이 던지는 질문

Q. 아이와 함께한 순간 중에 기억에 남는 '특별한 하루'가 있다면?
Q. 아이와 보내는 일상 중 미래에 가장 그리워할 것 같은 순간이 있다면?

'함께'의 가치

『타세요, 타!』

타세요, 타!
허아성 지음 / 국민서관 / 2024

"버스는 함께 타는 거잖아요."

어서 타세요, 타!

정류장에서 엄마 오리와 아기 오리가 버스를 기다립니다. 마침내 정류장에 버스가 도착합니다. 그런데 버스를 탈 생각에 신이 난 아기 오리와는 달리 엄마 오리는 아이들이 시끄럽게 굴까 걱정하며 버스에 타도 괜찮은지 묻습니다. 버스는 웃는 얼굴로 "타세요, 타!"라고 말합니다. 다음 정류장에는 거북이가 기다리고 있습니다. 걸음이 느려 버스에 타기까지 오래 기다려야 하는 거북이도 버스는 묵묵히 기다려 줍니다. 아무도 없는 정류장에 멈춘 버스를 보고 손님들은 의아해하지만 자세히 살펴보니 개미들이 있습니다. 하마터면 그냥 지나칠 뻔한 개미들도 버스는 지나치지 않고 태웁니다. 까만 선글라스 때문에 앞이 보이지 않아 버스가 온 줄도 모르는 두더지. 그리고 두더지에게 버스가 왔다고 알려 주는 손님들. 덩치가 너무 커서 버스에 탈 수 있을지 고민하는 코끼리. 짐이 너무 많아서 버스 타기를 망설이는 할머니까지. 버스는 함께 타는 것이라며 모든 손님을 싣고 마지막 정류장을 향해 달립니다.

부릉부릉~ 노란 버스가 환하게 웃으며 정류장으로 달려옵니다. 버스를 타는 손님들은 저마다 하나씩 걱정을 합니다. 아이가 시끄럽게 할까 봐, 너무 느려서, 너무 작아서, 앞이 잘 보이지 않아서, 너무 커서, 짐이 너무 많아서 갖가지 이유로 버스 타기를 망설입니다. 하지만 버스는 모든 손님들을 품어 줍니다. 그런데 버스만 손님들을 품어 주는 것은 아닙니다. 버스에 배려받은 손님들이 또 다른 손님에게 친절을 베풉니다. 그렇게 무사히 버스에 몸을 실은 손님들 모두 기분 좋게 마지막 정류장에 도착합니다.

아이들은 버스 타는 것을 좋아합니다. 버스에 앉아 창밖 풍경과 자동차를 구경하는 것, 버스 카드 찍는 소리, 버스에 탄 사람들을 구경하는 것 모두 아이들에게 흥밋거리입니다. 특히 책을 읽어 줄 때 "타세요, 타!"라고 말하는 부분을 가장 즐거워했습니다. 동물들이 버스에 타지 못할까 봐 걱정하다 버스에 모두 올라탔을 때 크게 박수를 치며 좋아했습니다.

버스에서 느끼는 행복과 불편

아이들과 시내버스를 타고 어린이집 등원과 하원을 2년 동안 했습니다. 두 정거장밖에 되지 않는 거리이지만 언덕을 넘어가야 하니 버스를 탈 수밖에 없었습니다. 아이와 버스를 타면 내릴 때까지 정말 한순간도 긴장을 놓을 수 없습니다. 일반버스는 계단도 높고 턱이 있어서 주로 저상버스를 탑니다. 아무리 저상버스라고 하더라도 아이의 행동과 걸음이 느리기 때문에 다른 사람들보다 시간이 더 걸립니다. 무사히 버스에 올라타더라도 아이들이 떠들거나 시끄럽게 할까 봐 마음을 졸이게 됩니다. 창문 바깥으로 보이는 자동차가 반가워 "빨간 자동차가 지나갑니다. 쌩~"이라고 말할 때도 있고 119 안전센터를 지나갈 때면 어김없이 오늘 소방차가 몇 대나 있는지 알려 주기도 합니다. 다른 손님들이 불편해하니 조용히 해야 한다고 주의를 주지만 이조차도 또 다른 소음이 될까 눈치가 보입니다. 아이들과 버스를 타면 교통약자가 됩니다. 사람들의 시선과 배려를 받아야 하기에 버스를 타야 하나 망설일 때도 있지만 언덕길을 올라갈 생각을 하면 버스를 타는 것밖에는 달리 방법이 없습니다.

하지만 버스에서 불편함만 느끼는 것은 아닙니다. 아이가 안전하게 버스에 타고 자리에 앉을 때까지 묵묵하게 기다려 주시는 버스 기사님. 자리가 없으면 흔쾌히 자신의 자리를 내어주는 사람. 아이가 버스에서 내릴 때 넘어질까 손을 잡고 같이 내려 주는 사람. 어린이집에서 재미있게 놀고 오라며 아이의 하루에 행복을 빌어 주는 사람. 아이 키우느라 힘들겠다며 걱정해 주는 사람. 버스에서 만난 사람들의 배려와 이해 덕분에 훈훈해질 때가 더 많습니다.

만약 엄마 오리가 배려받지 못했다면 아기 오리에게 버스에서 조용히 하라며 계속 잔소리를 했을 겁니다. 거북은 느리다는 이유로 기다려 주지 않은 버스 때문에 기분이 상했을 겁니다. 개미는 자신을 보지 못하고 정류장을 그냥 지나쳤다는 사실에 화가 났을 겁니다. 버스가 온 줄도 모르는 두더지는 하염없이 버스를 기다렸을 테고, 코끼리는 덩치가 너무 크다고 버스에 타지 못해 마음의 상처를 받았을 겁니다. 짐이 많은 할머니는 버스 말고 다른 교통수단을 알아보아야 했을 겁니다.

배려받고, 배려하며 살아가는 세상
교통약자가 되어 보니 대중교통 이용이 불편한 사람들에 대해서도 한번 생각해 보게 됩니다. 요즘에는 저상버스도 있고 버스 안에 따로 좌석이나 공간이 마련되어 있지만 버스

타기 힘들게 하는 것은 어쩌면 사람들의 따가운 시선과 눈총이 아닐까요? 다른 사람들을 불편하게 만든다는 미안함이 버스 타는 것을 망설이게 만듭니다.

하지만 버스는 함께 타는 것. 누구나 탈 수 있다는 가장 기본적인 사실을 잊어서는 안 되겠습니다. 배려는 강요에 의해 나오는 것이 아닙니다. 우리는 모두 돌아보면 한 번쯤은 누군가에게 배려받은 경험이 있습니다. 그 경험이 버스를 타는 기쁨이 되고 또 다른 배려로 이어질 수 있습니다. 우리 아이들도 사람들에게 받은 배려를 기억하고 다른 사람들을 품어주고 배려하는 사람으로 성장할 수 있기를 바랍니다. 그러기 위해서는 저부터 배려하는 모습을 보여 주어야겠습니다.

그림책이 던지는 질문

Q. 대중교통을 이용할 때 다른 사람에게 배려받은 적이 있나요?
Q. 아기 오리가 버스에서 시끄럽게 할까 걱정하는 엄마 오리에게 어떤 말을 해줄 수 있을까요?

가방 너머의 '꿈'

『가방을 열면』

가방을 열면

이영림 지음 / 봄봄출판사 / 2023

"가방 안에 뭐 있어?"
"비밀이에요!"

가방 안에 무엇이 들어 있을까?

가방을 꼭 끌어안은 채 문을 열고 유치원을 가는 준우. 두 손으로 소중하게 꼭 끌어안은 가방에는 무엇이 들어 있을까요? 준우는 유치원에 도착하기까지 많은 사람들을 만납니다. 그리고 사람들의 가방을 보며 그 안에는 무엇이 있을지 궁금해합니다. 매일 아침 같은 시간에 엘리베이터에서 만나는 위층 아주머니, 강아지를 산책시키는 사람, 동네 할머니, 자전거를 타는 사람, 아빠, 유치원 선생님, 같은 반 친구들. 사람들의 가방은 모두 크기도 다르고 모양도 다르고 안에 들어있는 물건들도 다릅니다. 가방을 열면 무엇이 있을까요? 그리고 가방 안에 든 물건 너머에는 어떤 꿈이 있을까요?

한때 아니 지금도 연예인이나 유명 인사들이 자신의 가방 안에 무엇이 들어있는지 공개하는 "What's in my bag?"(왓츠 인 마이 백)이 유행하고 있습니다. 심지어 일반인들도 블로그나 개인 유튜브, 인스타그램 등을 통해 자신의 가방을 공개합니다. 가방을 공개하는 사람들이 항상 공통적으로 하는 말이 있습니다. "가방을 공개하는 것은 부끄럽지만 그럼에도 해 보겠다." 단순히 가방에 무엇이 있는지 보여 주는 것인데 왜 부끄럽다고 하는 것일까요? 가방을 보여 준다는 것은 자신을 보여 준다는 것과 동일시되기 때문입니다. 가방 안에는 자신에게 필요한 물건 외에도 좋아하는 것, 관심 있는 것, 자신의 취향이 묻어나는 것들이 있습니다. 만약 가방에 립스틱이 많다면 립스틱을 좋아하는 사람이라는 것을. 기분이나 의상에 따라 다양하게 립스틱을 바꿔 바르는 것을 좋아하는 사람이라는 것을 알 수 있습니다. 여행에 관련된 책이 있다면 조만간 여행을 떠날 예정이거나 여행을 가고 싶어 하거나 여행에 관심이 많은 사람이라는 것이 드러납니다. 이처럼 가방 속 물건을 통해 어떤 사람인지, 어떤 것에 관심이 있는지, 어떤 취향을 가졌는지 알 수 있습니다.

사람들의 가방을 열어보는 즐거움

이 그림책은 사람들의 가방 속에 무엇이 들어있는지 직접 열어볼 수 있도록 구성되어 있습니다. 그리고 가방 안에 든 물건 뒤에는 저마다 사람들의 꿈이 있습니다. 원하는 것은 이미 다 가지고 있을 것 같은 동네 할머니도, 같은 신호등을 기다리며 마주친 형과 누나도, 심지어 강아지도 다른 사람에게는 보여 주지 않은 자신만의 꿈이 나타납니다. 준우는 그림책이 끝나갈 때까지 자신의 가방을 쉽게 보여 주지 않습니다. 가방 안에는 준우가 품고 있는 꿈이 있고 그 꿈은 너무 소중해서 아무에게나 함부로 보여 줄 수 없기 때문입니다.

가끔 저 사람 가방 안에는 무엇이 들어있을지 궁금했던 적 없으신가요? 다른 사람의 가방을 함부로 들여다보는 일은 무척 실례가 되는 행동입니다. 하지만 이 책을 읽으면서 다른 사람의 가방을 엿보는 재미를 느낄 수 있었습니다. 또 그 사람은 어떤 사람일까에 관한 궁금증까지 해소할 수 있어 무척이나 흥미로웠습니다.

  초등학교에 다닐 때만 해도 부모님이 저의 가방을 보는 일은 자연스러운 일이었습니다. 알림장과 가정통신문을 확인하기 위해 직접 가방을 열어 보셨습니다. 또 가방 안에 먼지나 모래를 털어 깨끗하게 정리해 주셨습니다. 하지만 점점 커가며 누군가 내 가방을 만지는 것도 열어 보는 것도 싫어졌습니다. 가방 안에는 아직 부모님께 보여드리지 못한 성적표가, 친구들과 주고받은 편지가, 정리하지 않은 각종 수행평가서와 학습지가 들어있었기 때문입니다. 들켜서는 안 되는 것들이 점점 많아지고 사춘기가 오면서 가방은 오로지 나만이 열 수 있는 것이 되었습니다. 부모님께서도 저의 가방을 함부로 열거나 가져가지 않으셨습니다. 그 안에 무엇이

들어있는지 무척이나 궁금해하셨겠지만 적어도 제가 보는 앞에서는 절대 가방을 열어 보지는 않으셨습니다.

지금 나의 가방에는 무엇이 들어있나요?

얼마 전에 대대적으로 옷을 정리했습니다. 사이즈 문제로 맞지 않는 옷, 유행이 지난 옷, 색이 바랜 옷, 낡은 옷가지들을 모두 골라내었습니다. 그러면서 가방도 정리하게 되었는데 휴직 중이니 자연스럽게 출근할 때 쓰던 가방은 모두 버리고 휘뚜루마뚜루 들고 다니기 편한 가방 위주로 남겼습니다. 지금 저의 가방 속에는 무엇이 들어 있나 살펴보니 기저귀, 손수건, 아이의 여벌옷, 물티슈와 휴지, 아이들 비타민과 간식이 있습니다. 모두 아이들과 외출할 때 필요한 것들입니다. 이 중, 저의 물건은 가방 구석 립밤 한 개가 전부입니다. 가방은 주로 아이들과 외출할 때만 쓰니 아이들과 다닐 때 혹시 모를 상황에 대비한 물건이나 아이들에게 꼭 필요한 물건만 있습니다. 한때는 기름종이, 선크림, 수정화장을 위한 메이크업 용품, 좋아하는 초콜릿이 들어있었는데 이제는 립밤 하나로도 충분한 사람이 되었습니다. 그때의 나와 지금의 상황이 변한 만큼 가방에 담긴 물건도 자연스럽게 변화했습니다. 하지만 이러한 변화가 슬프거나 씁쓸하지 않습니다. 시간이 지나고 상황이 변하면 가방 속 물건들은 또 변하게 될 겁니다. 미래의 저의 가방에는 무엇이 담기게 될까요? 상상해 봅니다.

> "부모들의 지나친 사랑, 지나친 극성이 책가방의 몇 배의 무게로 아이들의 어깨를 짓누르고 있는 거나 아닐지."
>
> 『사랑을 무게로 안 느끼게』, 박완서, 세계사

꿈과 희망으로 가득 찬 가방이 되기를

길을 가다가 가방을 메고 다니는 아이들을 마주할 때면 마음이 무거워질 때가 있습니다. 몸에 비해 너무나도 크고 무거운 가방을 메고 어디론가 향하는 아이들. 어디로 가는 걸까? 대부분 학원에 가는 아이들입니다. 아이들의 가방에는 책과 숙제, 공부해야 할 문제집이 있을 겁니다. 아이들의 가방에는 공부해야 할, 숙제해야 할 책이나 문제집보다 자기만의 소중한 꿈이 담겨 있으면 좋겠습니다. 저마다 좋아하는,

이루고 싶은, 하고 싶은 꿈. 그리고 무엇이든 할 수 있다는 희망과 용기로 가득하기를 바랍니다.

  아이들은 가끔 어린이집 가방을 들고 와서 물건을 담으며 "출근할게요. 다녀오겠습니다."하며 상황극을 합니다. 가방에 무엇을 넣었나 살펴보았더니 자동차 장난감, 뽀로로 비타민, 모형 당근, 컵과 주전자가 들어 있습니다. 이런 게 왜 들어 있지? 피식 웃음이 새어 나옵니다.

  그림책을 읽으며 단순히 가방에 무엇이 들어 있는지를 보는 것이 아니라 저마다 사람들의 꿈을 들여다볼 수 있어서 행복했습니다. 가방을 여는 일이 마치 사람의 마음을 여는 것과 같이 느껴졌습니다. 가방을 열면서 그 사람의 꿈을 응원하고 행복을 빌었습니다. 가방은 마음의 거울과도 같습니다. 아이들의 가방에는 어떤 물건들이 담기게 될까요? 그 너머의 어떤 꿈과 마음이 담겨 있을까요? 그것이 어떤 것이라도 저는 항상 아이의 편이 되어 주려고 합니다.

그림책이 던지는 질문

- Q. 가방에 어떤 물건이 있나요? 그리고 이 물건들은 여러분의 무엇을 말해 주나요?
- Q. 여러분의 꿈은 무엇인가요?

더불어 사는 즐거움

『쉿, 조용히!』

쉿, 조용히!
모르간 드 카디에 지음 / 비룡소 / 2020

"이웃은 아무 말 없이 그저
널빤지를 모으고 굴뚝을 그러모았어요."

쉿, 조용히! 뒤에 숨겨진 마음

이웃을 좋아하지 않는 프랭클린 씨 옆집에 새로운 이웃이 이사 옵니다. 프랭클린 씨는 조용히 지내고 싶지만 새로 이사 온 이웃은 그렇지 않은가 봅니다. 이웃은 집에 놀러 온 친구들과 악기 연주를 하고 시끄럽게 떠들어 프랭클린 씨의 화를 돋웁니다. 조용히 차를 마시는 것을 좋아하는 프랭클린 씨는 지지배배 노래하는 새의 노랫소리마저도 거슬립니다. 와락 짜증을 내며 새를 쫓아 버리기도 합니다. 프랭클린 씨는 그때마다 "쉿, 조용히!" 하고 외칩니다. 밤이 되면 포근한 이불에 쏙 들어가는 것을 좋아하는 프랭클린 씨는 이제야 좀 조용해진 것 같다며 만족합니다.

그런데 어느 날, 프랭클린 씨의 집 지붕에 큰 새가 둥지를 틉니다. 새가 밤낮 없이 계속 노래하자 화가 난 프랭클린 씨는 조용히 하라고 외치지만 소용이 없습니다. 비가 내려도 시간이 지나도 오히려 꿈쩍도 하지 않는 새 때문에 스트레스가 이만저만이 아닙니다. 프랭클린 씨가 조용히 하라고 소리를 지를 때마다 새의 노랫소리는 점점 더 커집니다. 그러다 갑자기 쿵! 하며 프랭클린 씨 집이 와르르 무너지고 맙니다. 가까스로 집 밖으로 도망쳐 나온 프랭클린 씨를 보고 이웃이 찾아오는데…. 프랭클린 씨는 무너진 일상을 다시 회복할 수 있을까요?

"쉿, 조용히!"를 외치는 프랭클린 씨. 아무에게도 자신의 공간을 침범당하고 싶지 않습니다. 혼자서 조용히 지내는 것을 좋아하는 프랭클린 씨에게 정반대의 이웃이 찾아온 것은 불행의 시작이었습니다. 프랭클린 씨는 하얀색인 반면 이웃은 검은색인 것만 보아도 서로 정반대라는 것을 알 수 있습니다. 이웃의 집에는 많은 친구들이 찾아와 악기를 연주하기도 하고 시끄럽게 굴어 프랭클린 씨를 불편하게 만듭니다. 자신의 평화를 방해하는 것들을 모두 내쫓는 프랭클린 씨의 마음은 뾰족뾰족 모가 나 있습니다.

하지만 새로 이사 온 이웃이 무너진 자신의 집을 함께 고쳐 주면서 프랭클린 씨의 마음은 조금씩 둥글어집니다. 나를 공격하고 방해하는 것 같던 이웃이 한없이 따스하게 베풀어 주는 모습을 보며 조금씩 마음을 열어 갑니다. 함께 무너진 집을 다시 지으면서 둘은 사이좋은 이웃이 되고 서로의 집을 자유롭게 오갈 수 있는 다리를 놓으며 한층 더 끈끈해진 우정을 보여 줍니다. 비록 완벽하게 예전 집의 모습으로 돌아가지는 못했지만 괜찮습니다. 지금의 집은 예전과는 조금 달라진 프랭클린 씨의 모습과도 꼭 닮아 있습니다.

> "내 작은 힘이나마 필요한 곳에 '더불어' '함께'하겠다는 따뜻한 마음을 가지고 주위에 대한 관심을 버리지 않는다면, 삶이 지금보다 훨씬 좋아질 거라고 장담할 수는 없어도 적어도 나빠지지는 않을 겁니다."
>
> 『라틴어 수업』, 한동일, 흐름출판

이웃은 어떤 존재인가요?

책을 읽으면서 이웃에 대해 생각해 보았습니다. 예전에는 이웃이라고 하면 친근하고 포근한 이미지였는데 요즘에는 어쩐지 조금 불편하다는 생각이 듭니다. 과거에는 윗집, 아랫집, 옆집에 누가 사는지, 어떤 일을 하시는지, 아이는 몇 명이 있는지, 어떻게 생겼는지 알고 지냈다면 요즘에는 옆집에 누가 사는지조차 모를 때가 많습니다. 이웃은 서로의 영역을 침범하지 않으면서 그저 공간적으로만 가까이 지내는 사람이 되었습니다. 저도 지금 살고 있는 집에 이사를 와서 한동안 이웃에 대해 잘 알지 못했습니다. 어쩌다 마주치면 모른 척하거나 혹시 불편하실까 인사를 하기보다 피하기에 바빴습니다. 하지만 아이가 태어나며 조금씩 상황이 달라졌습니다.

  둘째 아이를 출산하기 한 달 전쯤에 관리사무소에서 연락이 왔습니다. 아랫집에서 쿵쿵거리는 소리 때문에 시끄럽다는 민원이 들어왔다며 매트를 깔라고 하셨습니다. 첫째 아이가 집에서 뛰어다니면서 난 소음이 문제가 된 것입니다. 집에 매트를 깔았지만 깔리지 않은 곳에서 아이가 뛰면 크게 소리가 울렸던 것 같습니다. 전화를 받자마자 너무 죄송한 마음이 들어 첫째 아이를 데리고 동네 빵집으로 갔습니다. 누가 사는지 모르지만 맛있어 보이는 빵을 위주로 골라 포장해 아랫집으로 사과를 드리러 갔습니다. 문을 두드리니 한 아주머니께서 문을 열고 나오셨습니다. 윗집에서 내려왔다고 말씀드리고 아이가 뛰는 것을 잘 지도하지 못해 죄송하다고 사과를 드리며 빵을 건네 드렸습니다. 출산이 임박하면서 몸이 무거워져 뛰는 아이를 바로 제지하지 못한 것이 사실이었으니 말입니다. 아주머니는 저를 보시면서 강아지를 키우는지 알았다고 아이가 있을 거라고는 생각을 못하셨다고 합니다. 앞으로 주의하겠다고 다시 한번 사과를 드리고 집으로 돌아왔는데 몇 시간 뒤에 아랫집 아주머니가 찾아오셨습니다. 아주머니는 아이 키우느라 고생한다고 순산하라며 딸기와 바나나를 주고 가셨습니다. 건네주신 과일을 받고 저는 참 복 받은 사람이라는 생각이 들었습니다. 층간소음으로 이웃 간의 갈등이나 심지어 칼부림까지 일어나는 세상에서 우리의 상황을 배려해 주시다니! 게다가 태어날 아이의 축복을 빌어 주는 일은 정말로 큰 이해심이 아니면 일어날 수 없는 일입니다. 이 일을 계기로 아랫집에 주기적으로 내려가 맛있는 간식을 전해드리거나 추석, 설 잘 보내시라고 선물을 드리기도 합니다. 이제는 아랫집과는 서로 인사하고 안부를 묻는 사이가 되었습니다.

이제는 불편한 존재가 아니야

아이를 키우니 이웃과도 점점 인사할 일이 많아집니다. 사람들만 보면 "안녕하세요!" 하고 인사하며 손을 흔드는 아이를 보고 이웃들은 친절하게 인사를 해 줍니다. 엘리베이터

안의 어색한 분위기가 순식간에 아이들의 인사와 웃음으로 밝아집니다. 몰랐던 사람들과도 인사를 나누게 되고 이웃들의 덕담과 이야기를 들으면 덩달아 기분이 좋아집니다. 심지어 둘째 아이가 같이 엘리베이터에 탄 할머니를 보고 "안녕하세요." 꾸벅 고개를 숙이고 바닥에 앉아 절을 했는데 할머니께서 절값이라며 용돈을 건네주신 적도 있습니다. 아이들 덕분에 예전과는 다르게 이웃과 교류도 하고 안부를 묻는 사이가 되었습니다.

프랭클린 씨도 처음에는 이웃을 좋아하지 않았지만 이웃이 베푼 친절과 배려에 입가가 실룩거리고 가슴이 콕콕 찔리고 온몸이 간질간질해지는 경험을 했습니다. 마음의 문을 꽁꽁 닫기보다 서로에게 먼저 다가가려는 노력, 타인을 향한 이해심이 결국 자신의 삶을 긍정적으로 바꿔 놓을 수 있습니다. 세상은 혼자가 아니라 함께 살아가는 곳입니다. 오늘 마주친 이웃에게 한번 "안녕하세요."라고 먼저 용기 내어 인사를 건네는 것은 어떨까요?

그림책이 던지는 질문

Q. 내가 사는 곳에 어떤 이웃이 살고 있나요?
Q. 이웃은 어떤 존재인가요?

저마다의 속도로

『한발 늦었네』

한발 늦었네
신순재 지음, 염혜원 그림 / 위즈덤하우스 / 2024

"괜찮아. 한발 늦어도.
볼 수 있어. 한발 늦어도."

한발 늦었지만 괜찮아

낮잠을 자고 일어난 고양이들이 사푼사푼 꽃잎을 따라 걸어갑니다. 그런데 한 고양이는 늦잠을 자는 바람에 한발 늦고 맙니다. 느긋한 나비 한 마리는 무당벌레와 놀다가, 새는 날아갈까 말까 숨 한 번, 깃털 한 번 고르다가 한발 늦습니다. 친구들은 우다다다 먼저 뛰어가는데 신발 끈이 풀려 쩔쩔매느라 한발 늦은 봄이. 그렇게 모두 한발 늦은 고양이, 느긋한 나비, 새, 봄이는 함께 걸어갑니다. '한발 늦어도 괜찮아.' 한발 늦어도 갈 수 있다며 서로를 다독이며 도착한 곳에서 그들은 어떤 풍경과 마주하게 될까요?

한발 늦었다는 말에는 아쉬움의 감정이 묻어납니다. '아! 조금만 서둘렀더라면, 조금만 더 빨리 왔더라면, 조금만 더 일찍 준비했더라면…' 그러지 못했기 때문에 지금 마주한 상황이 아쉬워 "한발 늦었네."라는 말을 뱉게 됩니다.

아이들과 등원 준비를 할 때면 한발 늦은 상황들이 자주 발생합니다. 아이가 어린이집에 가기 싫다고 울 때도 있고, 옷 갈아입기 싫다고 떼를 쓸 때도 있습니다. 집을 나가기 전 화장실에 들르라고 하니 싫다고 바닥에 주저앉아 가기 싫다고 웁니다. 신발이 마음에 안 든다고 신발을 던지기도 합니다. 이렇게 칭얼대는 아이들을 어르고 달래서 준비하면 나가려고 예상했던 시간을 훌쩍 넘길 때가 생깁니다. 조금 더 일찍 준비했으면 어린이집에 가는 버스를 놓치지 않을 수 있었는데…. 바로 버스를 탈 수 있었는데…. 눈앞에서 놓친 버스를 마주하며 "한발 늦었네."라는 말과 함께 한숨이 절로 나옵니다. 엄마의 마음을 아는지 모르는지 아이는 지나가는 자동차를 가리키며 그저 즐겁기만 합니다. 그런 아이에게 "조금만 더 서둘러서 준비했으면 버스 안 놓칠 수 있었는데…."라고 말하면 "버스는 또 오잖아요."라며 천진난만하게 웃는 아이의 말에 말문이 종종 막히기도 합니다.

서두르지 않고 자기만의 속도로

이 그림책을 읽으며 그동안 아이에게 서둘러 준비하지 않았다고 화를 낸 저의 모습이 떠올랐습니다. 책에는 한발 늦은 친구들이 가득 나오지만 늦었다고, 서두르라고 재촉하는 사람은 아무도 없습니다. 조금 늦었지만, 한발 늦었지만 그래도 괜찮다고 우리만의 속도로 가도 괜찮다고 말하고 있습니다. 이 모습을 보고 있자면 '그래. 한발 늦어도 괜찮지. 아무렴 어때.' 조금 전까지 조바심을 낸 마음을 다스리게 됩니다.

우리 일상에는 '한발 늦어서' 발생하는 일들이 자주 발생합니다. 한발 늦는 바람에 버스나 지하철을 놓치기도 하고, 학교나 회사에 지각하기도 하고, 선착순 안에 들지 못해 아쉽게 맛있는 음식을 먹지 못하고 발걸음을 돌려야 하는 순간이 생깁니다. 생각만 해도 너무 아쉽고 안타까운 상황입니다.

하지만 한발 늦어서 그동안 보지 못한, 느끼지 못한 경험을 할 때도 있습니다. 버스를 바로 앞에서 놓쳤지만 생각보다 빨리 그 다음 버스가 와서 마음을 놓을 때가 있습니다. 버스에 사람이 많아 매번 서서 가던 길을 오늘만큼은 앉아서 갈 수도 있습니다. 다른 사람들보다 조금 늦게 벚꽃 구경을 갔지만 흐드러지는 벚꽃 잎에 볼을 맞으며 꽃의 감촉을 느낄 수 있습니다. 바닥에 떨어진 벚꽃 잎을 밟기도 하고 벚꽃 잎을 주워 후~ 불어 볼 수 있습니다. 나뭇가지에 매달린 벚꽃만 보던 예전과는 다르게 한 번도 경험하지 못한 색다른 경험은 우리에게 더욱 특별한 추억이 됩니다. 그러니 한발 늦었다고 투덜대고 아쉬워할 것이 아니라 그 상황을 의젓하게 즐길 수 있는 여유가 필요하지 않을까요?

보채지 않는 마음

저는 한발 늦어도 괜찮다는 말을 보채지 않는 마음으로 이해하고 싶습니다. 아이를 키우다 보면 아이와 엄마인 자신을 닦달하고 보챌 때가 생깁니다. 다른 아이보다 늦게 한글 공부를 시작하는 것은 아닌지, 더 빨리 학원에 다녀야 하는 것은 아닌지, 다른 아이보다 성적이 낮은 것은 아닌지 걱정도 되고 조바심이 나서 아이를 보채기도 합니다. 엄마는 아이를 가까이에서 챙기고 있지만 부족한 것은 없는지 늘 걱정하고 끊임없이 조급해집니다. 엄마는 늘 불안이라는 감정과 마주하며 살아갑니다. 하지만 아이를 보채거나 엄마 스스로 자신의 마음을 보채지 않고 지금 이대로도 충분하다고, 최선을 다하고 있다는 것을 칭찬하고 보듬어주는 마음이 더 필요하다는 것을 이제는 압니다.

"누군가에게 뒤처지기 싫어서 제 속도를 잃어버리고 다른 사람들에게 속도를 맞춰서 더 이상 뛸 힘이 없어지게 되는 것처럼, 결국 중요한 것은 느리더라도 어딘가로 향하고 있으니, 걱정하지 말고 나만의 속도를 찾으면 된다는 것입니다."

『당신은 결국 무엇이든 해내는 사람』, 김상현, 필름(Feelm)

"빨리"보다 "괜찮다"고 말해 주는 사람

우리는 언제나 빨리, 서두르라는 이야기를 많이 하고 또 많이 듣습니다. 남들보다 빨리, 더 서둘러야 한다고 말입니다. 뒤처진 사람들은 도태되고 그 누구도 돌아보고 신경 쓰지 않습니다. 하지만 책에서는 한발 늦어도 자신만의 속도로 걸어온 친구들을 누구보다 기쁜 마음으로 환영해 줍니다. 우리의 모습과는 사뭇 다릅니다. 이 모습이 참 감동으로 다가왔습니다. 나라면 어떻게 했을까? 나는 늦은 사람들을 기다려 주고 그들을 꼭 껴안을 수 있는 마음을 가진 사람일까?

아이에게 저는 늘 재촉하는 사람인 것 같습니다. "빨리 옷 입어라, 양치해라, 어린이집 갈 준비해라, 밥 먹어라." 하지만 아이는 한 번에 오는 법이, 한 번에 말을 들은 적이 별로 없습니다. "조금만 더 놀고 갈게요. 오 분만 더 있다가 할래요."라고 할 때가 훨씬 많습니다. 더 놀고 싶은데…, 더 누워 있고 싶은데…, 재촉하는 엄마가 얼마나 야속하기만 할까요? 아이의 입장을 헤아려주고 조금 더 기다려 줄 수 있는 마음의 여유를 가진 엄마가 되고 싶지만 쉽지 않습니다. 그럴 때면 "안 돼. 지금 해야 돼. 얼른 와!"라고 말하기보다 "그래, 좀 더 놀고 싶구나. 알았어. 그러면 엄마가 좀만 더 기다려 줄게!"라고 말해 줄 수 있는 느긋함을 가진 엄마가 되기 위해 노력해야겠습니다. 이 책을 읽고 나서 조금은 저에게 느긋한 마음의 여유가 생겼다고 믿고 싶습니다. 그리고 한발 늦어도 괜찮아. 조금 늦어도 괜찮다고 같이 기다려 줄 수 있는 사람들이 점점 많아지기를 바랍니다.

그림책이 던지는 질문

Q. 최근 경험한 '한발 늦은 상황'이 있다면?
Q. '한발 늦은' 사람에게 하고 싶은 말이 있다면?

평화로운 세상을 위해

『싸움말개』

싸움말개
박민주 지음 / 책읽는곰 / 2020

"옥신각신 싸우는 소리만 들리면
어디든 찾아가 돌돌 말아 버리지요."

싸움이 있는 곳에 언제나

 싸움말개가 가장 좋아하는 것은 김밥, 가장 싫어하는 것은 싸움입니다. 싸우는 소리가 들리면 갑자기 나타나 돌돌 김발로 말아 버리는 싸움말개. 싸움말개는 쉴 틈이 없습니다. 곳곳에서 싸움이 일어나기 때문입니다. 장난감을 먼저 가지고 놀겠다고 싸우는 아이들, 집안일 때문에 싸우는 부부, 층간 소음과 담배연기로 싸우는 이웃, 생각의 차이 때문에 싸우는 나이 든 사람과 젊은이들까지. 싸움말개는 이들을 모조리 김밥으로 만들어 버립니다. 그런데 아무리 김밥을 말아도 싸움은 사라지지 않습니다. 이럴 땐 어떻게 할까요? 오늘도 싸움말개는 유유히 김발을 들고 다투는 곳으로 향합니다.

싸움말개는 다양한 갈등 상황과 마주합니다. 장난감을 두고 싸우는 아이들, 밀린 집안일로 감정이 상한 부부, 층간소음과 담배 연기로 고통받는 이웃, 세대 간의 싸움까지. 모두 우리 주변에서 일어나고 있는 갈등의 상황들입니다. 싸움말개는 아무 말도 하지 않고 그저 상황을 지켜보다 김발로 돌돌 말아 버립니다. 누가 더 잘못했는지 시시비비를 가리지도 않습니다. 갈등을 어떻게 해결해야 하는지 알려 주거나 상황을 중재하지도 않고 그저 돌돌 말아 김밥으로 만들며 상황을 간단하게 처리합니다. 바로 이 점에서 우리는 통쾌함을 느낍니다. 우리에게 누가 더 잘못했는지, 그리고 어떻게 이 갈등을 해결해야 되는지도 묻지 않습니다.

현실에서는 갈등의 상황이 있으면 사람들의 이야기에 귀를 기울이고 누가 더 잘못했는지 따져 벌을 주고 사건의 해결 방법들을 찾아야 합니다. 하지만 그림책 안에서만큼은 이러한 소란에서 벗어날 수 있으니 얼마나 깔끔하고 통쾌한지요!

싸움말개가 김밥을 마는 이유

김발 안에서 다 같이 돌돌 구르다 보면 어느새 그들은 적이 아니라 '하나'가 됩니다. 김밥은 서로 각자 다른 재료들이 한데 어우러지는 음식입니다. 김밥의 메인 재료가 있더라도 다른 재료들이 뒷받침해 주지 못하면 김밥으로서의 매력을 잃습니다. 각자의 개성을 뚜렷하게 나타내기보다 함께 어우러지는 것이 더 중요합니다. 이것이 바로 작가가 다른 음식이 아닌 김밥을 선택한 이유입니다.

날카로운 말을 주고받으며 각자의 이야기만 하던 사람들은 어느새 자신의 잘못을 인정하고 사과합니다. 장난감을 가지고 다툰 아이들은 웃으며 현재의 상황을 넘겨 버립니다. 짜증을 내며 서로 날을 세우던 부부는 상대의 입장을 이해하기 시작합니다. 위층의 이웃은 층간소음을 일으켜서 아래층 이웃은 베란다에서 담배를 피워 미안하다고 서로에게 사과합니다. 세대 차이로 서로의 말을 전혀 듣지 않는 나이 든 사람과 젊은이들은 상대가 다칠까 걱정하고 다음에 다시 차분히 이야기하자며 다음을 기약합니다. 이것이 바로 김밥의 힘입니다. 싸움말개는 자기 목소리만 낼 것이 아니라 함께 어우러지며 상대를 마주하고 이해하려는 노력이 필요하다는 것을 일깨웁니다.

"우리는 일상에서 대립하는 여러 의견에 둘러싸여 있습니다. 대립과 불화에는 중간에서 서로 연결하고 매개하는 조정과 타협의 정신이 필요합니다."

『철학이 내 손을 잡을 때』, 김수영, 우리학교

갈등을 해결하기 위해서는

싸움말개는 싸움을 말리는 개라는 의미도 있지만 '~하지 말게'라는 뜻의 언어적 유희로 '싸우지 마라'는 뜻이 될 수도 있습니다. 현실의 갈등 상황은 책처럼 그리 쉽게 해결될 수 없는 것들이 많습니다. 그럼에도 우리는 갈등 상황을 마주하고 서로의 목소리에 귀를 기울이고 조금이라도 이해하려는 시도가 필요합니다. 혼자 사는 세상이 아닌 '함께' 사는 세상이기 때문입니다.

 저에게도 싸움말개가 필요한 순간들이 있습니다. 특히 첫째 아이와 둘째 아이가 싸울 때입니다. 첫째 아이가 혼자 장난감으로 놀고 있는데 둘째 아이가 재미있어 보이는지 장난감을 뺏어 가면 화가 나 동생에게 윽박지릅니다. 곧바로 사과하고 장난감을 가져다주면 상황은 쉽게 끝날 텐데 상황은 그리 간단하지 않습니다. 첫째 아이에게 동생에게 양보하고 다른 것을 가지고 놀라고 하면 더 화를 내거나 엄마는 자신 편을 들어 주지 않는다며 서운해합니다. 둘째 아이에게 형에게 미안하다고 사과하라고 하면 같이 가지고 노는 장난감인데 왜 나는 가져가면 안 되냐며 억울해합니다. 서로 쉽게 물러서지 않는 상황이 오면 엄마인 저도 난감해집니다. 이럴 땐 싸움말개가 돌돌 말아서 김밥을 말아 준다면 서로 싸우지 않으면서 집안의 평화가 유지될 텐데….

싸움말개가 아무리 김밥을 말아도 싸움은 사라지지 않는다는 말이 자꾸만 귀에 맴돕니다. 싸움말개가 김발로 돌돌 말아 버리기 전에, 더 큰 싸움으로 번지기 전에 내가 먼저 양보하는 자세가 필요하지 않을까요? 그렇게 나부터 조금씩 양보한다면 나에서 너로, 너에서 우리로 퍼져 우리가 사는 세상이 조금은 평화로워질 거라 믿습니다. 평화로운 세상을 기대합니다. 그리고 간절히 기다립니다.

그림책이 던지는 질문

Q. '싸움말개'가 필요한 순간이 있다면?
Q. 일상에서 발생하는 수많은 갈등 상황을 어떻게 대처하나요?

'아니'라고 말할 용기

『아니사우루스』

아니사우루스

노인경 지음 / 책읽는곰 / 2024

"무엇보다도 우리는 겁쟁이가 아니잖아!"

'아니'라는 말을 입에 달고 사는 공룡

뭐든지 '아니'라고 말하는 작은 공룡이 있습니다. 엄마 공룡은 '아니사우르스'라는 이름을 붙여 줍니다. 이름답게 아니사우루스는 모든 말에 '아니'라고 말하고 날마다 사고를 칩니다. 꿀을 몸에 바르기도 하고, 열이 나 걱정되어 집에서 쉬라는 엄마의 말에도 찬바람을 쐬어야 열이 안 난다며 밖으로 나가기도 합니다. 엄마 공룡은 상추가 먹기 싫다고 다시 밭에 상추를 심는 아니사우르스를 보고 폭발하고 맙니다.

그제야 사건의 심각성을 깨달은 아니사우르스는 밖으로 나옵니다. 어떻게 하면 엄마의 화를 풀어줄 수 있을지 생각하다 바람에 날려 온 이불을 보고 번뜩 멋진 생각이 떠오릅니다. 바로 이불 속에 엄마 모자를 숨기고 엄마와 같이 찾는 것. 그런데 이불에 엄마 모자를 숨기려 하던 때에 한 공룡이 와 소리칩니다. 무시무시한 티라노가 나타나 공룡들을 잡아먹으려고 한다고 말입니다. 다른 공룡들은 무서워 벌벌 떠는데 아니사우르스는 엄마 모자를 숨기느라 전혀 아랑곳하지 않습니다. 티라노에게 잡힐까 벌벌 떠는 공룡 친구들의 모습을 보고 아니사우르스는 "아니. 우리는 해골이 되지 않아. 무엇보다도 우리는 겁쟁이가 아니잖아!"라며 처음으로 옳은 소리를 합니다. 좋은 생각이 떠오른 아니사우르스는 공룡들을 모두 불러 모으고 티라노를 물리칠 계획을 세웁니다. 아니사우르스와 공룡 친구들은 티라노를 물리칠 수 있을까요?

이 책을 아이와 꼭 같이 읽고 싶었던 이유가 있습니다. 우리 아이도 한참 '아니'라는 말을 입에 달고 살던 때였습니다. "밥 먹자, 양치하자, 옷 갈아입자, 신발 신자, 자러 가자."는 엄마와 아빠의 말에 모두 "아니, 안 할 거야!"라고 말했습니다. 이 말을 들을 때마다 얼마나 머리끝까지 화가 치밀어 오르던지…. 제가 "아니"라고 큰 소리로 아니사우르스를 흉내 낼 때마다 아이는 깔깔거리며 좋아했습니다. 자신의 행동을 똑같이 따라 하는 아니사우르스를 보고 그 말과 행동에 반성하라는 엄마의 의도는 전혀 알아채지 못한 채 말입니다. 오히려 아이는 "아니"라는 말이 재미있는지 걸핏하면 "아니"라는 말로 노래까지 불러 저의 화를 돋우었습니다. 어찌나 아니사우르스와 똑같던지…. 결국 폭발한 엄마 공룡의 마음이 절로 이해가 되는 순간이었습니다.

그래도 아니사우르스는 눈치는 있는지 슬그머니 밖으로 나가 엄마의 화를 풀어 줄 궁리를 하며 처음으로 자신의 행동을 반성하는 모습을 보입니다. 이 모습을 보고 입으로는 "아니"라고 말하지만 속으로는 얼마나 벌벌 떨었는지를 알 수 있었습니다. 엄마의 말을 듣고 싶지만 쉽게 "네"라는 말은 안 나오고 한 번에 말을 듣자니 그건 또 왠지 재미가 없고…. 장난을 치고 싶은 마음에 "아니"라고 말해 버리는 심정을.

'아니'라는 말의 진짜 의미

아이는 자라면서 자아가 생기며 자신의 의사를 표현할 수 있게 됩니다. 부모의 통제를 받기 싫어하면서 "아니"라는 말을 많이 합니다. "아니"라는 말에는 정말 하기 싫다는 의미도 있지만 자신의 생각을 스스로 표현할 수 있게 됨을 표현하는 말이기도 합니다. 그동안은 의사 표현을 잘하지 못했지만 "아니"라는 말로 자신의 의사를 표현하며 일종의 쾌감을 느끼기도 하고 독립심을 길러나갑니다.

생각해 보면 "아니"라는 말이 꼭 나쁜 것만은 아닙니다. 아니사우르스가 티라노에게 잡아먹힐까 봐 두려운 공룡 친구들을 구하고 용기를 북돋아 준 말은 다름 아닌 "아니"라는 말이었습니다. 우리는 겁쟁이가 아니라며 티라노로부터 우리 자신을 지킬 수 있다고 말하고 공룡 친구들과 기지를 발휘해 다

같이 티라노를 물리칩니다. "아니"라는 말에 힘입어 공룡 친구들은 똘똘 뭉쳐 무서운 티라노에게 벗어날 수 있게 됩니다.

'아니'라고 말할 용기

우리는 자라면서 "아니"라고 말할 힘을 잃어 갑니다. 해야 하는 일, 지켜야 하는 것이 많아지고 세상에 순종하며 사는 것이 삶의 이치라고 배웁니다. 하고 싶지 않은 일임에도 그냥 해야 하니까. 그래야 다른 사람에게 칭찬을 받으니까. 차마 아니라고 말하지 못하고 하는 일들이 얼마나 많은가요? 어쩌면 "아니"라는 말은 아이일 때나 쓸 수 있는 말인지도 모르겠습니다. 어른이 되면 오히려 "아니"라고 말하는 것이 얼마나 더 힘든 일인가요?

"아니"라는 말을 입에 달고 사는 아이를 보며 여전히 화가 나지만 이 책을 읽으며 아이의 마음을 이해할 수 있었습니다. "아니"라고 말할 때 아이의 태도와 표정은 정말 당당합니다. "엄마! 나, 이만큼이나 컸다구요! 그러니 저를 믿어 주세요!"라고 외치는 것만 같습니다. 아이가 좀 더 크면 이런 모습을 볼 수 없을지도 모릅니다. "네!" 순응하며 사는 삶을 살아야 하는 때가 곧 올 겁니다. 그 시기가 오기 전까지 만이라도 우리 아이가 자신 있게, 당당하게, 용기 있게 "아니"라고 말하는 모습을 보듬어 주고 사랑할 줄 아는 넉넉한 품을 가진 엄마가 되어야겠다고 마음먹었습니다. 오늘도 "아니"라고 말하는 아이가 얄밉기도 하지만 자신의 의사를 마음대로 표현할 수 있게 된 아이를 기특하다고 말하며 따뜻하게 한 번 안아 주어야겠습니다.

그림책이 던지는 질문

Q. 엄마 말에 자꾸만 '아니'라고 말하는 아이에게 어떤 말을 해 주고 싶나요?

Q. 아이가 '아니'라고 말할 때 여러분은 어떻게 반응하나요?

3

엄마의 행복은
그림책에 있습니다

그림책 같은 엄마의 일상

그럼에도 너를 사랑해

『야옹아, 안 돼!』

야옹아, 안 돼!
니콜라 오반 지음 / 사파리 / 2022

"좋아. 용서해 줄게."

너의 장난도 용서해 줄게

여기 귀엽고 사랑스러운 고양이 한 마리가 있습니다. 그런데 등장하자마자 '안'이라는 글자를 떨어뜨려 '야옹아, 돼!'로 만들고 맙니다. 도도한 얼굴로 꽃병 옆에 서 있는 고양이는 꽃병에서 떨어지라는 주인의 말을 무시하고 결국 꽃병을 깨트립니다. 미안하다고 사과하라는 주인의 말에도 아랑곳하지 않습니다. 뜨개질 뭉치를 만지다 결국 털실을 엉망진창으로 만듭니다. 고양이의 만행은 여기서 그치지 않습니다. 셋 셀 동안 사과하면 봐준다는 주인의 너그러운 말에도 소파를 박박 긁거나 노트북 위에 올라가 앉습니다. 두루마리 휴지를 풀거나 블라인드를 고장 나게 만들고도 모자라 바닥에 소변까지 봅니다. 결국 주인은 무엇을 잘못했는지 반성하라고 밖으로 내쫓지만 주르륵 쏟아지는 비와 자신을 처량하게 쳐다보는 고양이를 보고는 다시 집안으로 들입니다. 발랑 누워 온갖 애교를 부리는 고양이는 미안하다고 말하라는 말에 드디어 "야아아옹!"이라고 사과합니다. 그 말에 주인은 고양이를 또 용서하지만 장난스러운 표정으로 어항을 바라보는 고양이에게 "야옹아, 안 돼!"라고 절박하게 외치며 그림책은 끝이 납니다.

제가 아이에게 가장 많이 하는 말이 무엇인지 생각해 보니 "안 돼!"라는 말이었습니다. 아이는 끊임없이 하지 말아야 할 행동을 반복합니다. 장난감을 던지면 안 되고, 집에서 쿵

쿵쿵쾅 뛰면 안 되고, 친구를 때리면 안 되고, 의자에 올라가 일어서면 안 된다고 수없이 말을 하지만 잘 듣지 않습니다. 이 그림책의 고양이처럼 말입니다.

고양이에게서 너의 모습이 보여

책을 읽어 줄 때 고양이가 하는 짓이 마치 우리 아이가 하는 짓인 것 같아 저도 모르게 "안 돼!"라는 말에서 목소리가 높아졌습니다. 고양이와 주인의 모습이 마치 저와 아이의 모습 같았습니다. 아이도 고양이가 하는 짓이 마치 자신이 저지른 사고라고 느끼는 것 같았습니다. 식탁, 의자에 크레파스로 낙서하기, 물티슈 몽땅 뽑기, 커튼 잡아당기다가 커튼봉 무너트리기, 침대에서 컵으로 물을 마시다가 쏟기. 이외에도 아이가 그간 저지른 만행을 떠올리니 책 속 고양이와 전혀 다를 바가 없었습니다.

"하면 안 돼."라고 말하면 천진난만한 표정으로 "네!"라고 대답하고서는 돌아서면 왜 또 장난을 치는지…. 알겠다고 했으면 하지 말아야 하는데 왜 또 똑같은 장난을 치는 것인지…. 혼이 날 것 같은 분위기는 어찌나 또 잘 아는지 "엄마, 미안해요. 사랑해요. 다음에는 안 그럴게요." 고개를 한쪽으로 기울이며 애교를 부리고 미안한 표정을 짓는 아이를 볼 때면 화가 머리끝까지 났다가도 금세 마음이 누그러지곤 합니다. 미안해하지도 않고 도도하게 주인을 바라보는 고양이를 보면 얄밉다가도 발라당 누워 애교를 부리면 언제 화가 났냐는 듯 사르르 마음이 풀리는 장면에서는 저도 모르게 입가에 미소가 번졌습니다.

"사람은 자신에게 희열을 선사하는 유·무형의 대상이 있다면 기꺼이 괴로움과 어려움의 시간들을 감수할 수 있다."

『감정 어휘』, 유선경, 앤의서재

너를 사랑하기 때문에

같은 실수를 반복하고 화를 돋우지만 다시 아이를 품어 주는 이유는 사랑하기 때문입니다. 엄마는 아이의 부드러운 표정과 웃음을 볼 때 도파민이 활성화된다고 합니다. 사랑이 전제되어 있지 않으면 같은 실수라 하더라도 용서하거나 용서할 수 있는 기회조차 주지 않을지도 모릅니다. 사랑하기 때문에 아이가 올바르게 행동할 수 있도록 하면 안 된다는 것을 계속 알려 주고 잘못을 인정할 수 있도록 합니다.

하루를 돌아보면 아이가 오늘 어떤 사고를 쳤는지, 몇 번이나 화가 나게 했는지가 아니라 사고를 치고 나서 아이가 어떻게 행동했는지, 어떻게 어물쩍 넘어가려고 했는지가 더 많이 기억에 남습니다. 엄마에게 혼날까 봐 구석으로 도망가서 숨고, 엄마를 사랑한다며 노래를 부르고 뽀뽀하는 모습이 눈에 더 아른거립니다. 내일도 아이는 같은 잘못을 반복할 테지만 그럼에도 사랑하기에 아이를 키우는 행복이라는 마침표로 하루를 마무리하게 될 것입니다. 아이가 내일은 또 어떤 사고를 칠까요? 그럼에도, 아니 그래도 엄마는 너를 사랑해.

그림책이 던지는 질문

Q. 아이에게 가장 많이 하는 말은 무엇인가요?
Q. 아이가 했던 행동 중에 가장 기억에 남는 것이 있다면?

계절을 선물한다는 것

『사계절 목욕탕』

사계절 목욕탕
김효정 지음 / 웅진주니어 / 2021

"도토리 할아버지는 목욕탕을 청소하고 목욕 용품을 준비한 다음 목욕탕 불을 환하게 밝힙니다."

사계절 목욕탕을 찾아온 손님들

숲속에 봄이 찾아왔습니다. 도토리 할아버지는 목욕탕을 깨끗하게 닦고 목욕용품을 준비하며 목욕탕 문을 열 준비를 합니다. 가장 먼저 찾아온 손님은 누구일까요? 바로 곰입니다. 곰은 겨우내 쌓인 먼지와 털을 깨끗하게 씻어 냅니다. 어느새 목욕탕에는 너구리, 다람쥐, 고슴도치 등 목욕하러 온 동물들로 북적입니다. 후끈한 바람, 뜨거운 햇볕이 내리쬐는 여름이 찾아왔습니다. 더위에 지친 철새들은 목을 축이기도 하고 다른 동물들과 함께 물놀이를 하며 더위를 식힙니다. 알록달록해진 나무와 시원한 바람이 부는 가을이 찾아왔습니다. 동물들은 잘 익은 열매를 먹으며 두둑하게 배를 채우며 겨울을 준비합니다. 이윽고 바람이 차가워지고 추워진 날씨에 동물들은 서둘러 겨울잠을 자러 떠납니다. 북적거리던 목욕탕은 이제 조용합니다. 도토리 할아버지는 다음 봄을 기다리며 따뜻한 물에 몸을 녹입니다. 다음 봄에는 또 어떤 손님들이 찾아올까요?

 도토리 할아버지는 사계절 목욕탕을 찾아오는 동물들을 위해 아낌없이 줍니다. 계절의 변화에 맞춰 물을 따뜻하게 또는 차갑게 받아두기도 하고 제철 과일인 수박도 준비합니다. 떨어진 낙엽을 쓸고 열매를 수확해 동물들의 배도 채워 줍니다. 도토리 할아버지의 배려 덕분에 동물들은 아무런 걱정 없이 사계절 목욕탕에서 휴식을 취할 수 있습니다. 겨우내 묵혔던 먼지와 털을 닦아 내고 해먹에 누워 쉬고 함께 물놀이를 즐기기도 합니다. 자신의 수고를 생색내지 않고 묵묵하게 동물들을 도와주는 도토리 할아버지를 보고 있으면 마음이 따뜻해집니다.

사계절을 준비하는 수고로움

도토리 할아버지를 보며 엄마가 자꾸만 떠올랐습니다. 엄마는 따스한 봄바람이 일렁이면 두터운 점퍼를 한데 모아 세탁소에 맡기셨습니다. 두꺼운 겨울 이불은 정리하여 가벼운 이불로 바꿔 두셨습니다. 봄기운을 머금은 두릅과 봄의 향기가 솔솔 나는 달래를 듬뿍 넣은 된장찌개를 먹을 때면 입안 가득 봄을 느낄 수 있었습니다. 이마에 송골송골 땀이 맺히고 햇볕이 뜨거워지는 여름이 오면 옷장 위 정리함에 담아 둔 반팔 옷과 반바지로 교체하셨습니다. 두꺼운 이불은 치우고 시원한 차렵이불을 꺼내 침대 위에 가지런히 정리해 두셨습니다. 커다란 수박 한 통을 잘라 통에 가득 담아 두시면 냉장고에서 꺼내 포크만 들고 쏙쏙 수박을 찍어 먹는 것은 한여름의 낙이었습니다. 알록달록 나뭇잎이 옷을 갈아입기 시작하는 가을이 되면 아침마다 위에 걸쳐 입을 옷을 챙겼는지 꼭 물어보셨습니다. 일교차에 감기라도 걸릴까 염려되는 마음 때문입니다. 통통 살이 오른 꽃게, 탱글탱글한 새우, 부드러운 밤을 쪄 한 상 가득 맛있는 음식을 내오시면 살이 찌는 건 아닐까 걱정도 따라왔지만 가을이 주는 수확의 기쁨이 펼쳐진 식탁을 보면 밥상을 외면할 수 없었습니다. 식탁에 펼쳐진 가을. 바람이 쌀쌀해지면 가을을 한 숟가락씩 떠먹은 그 때의 모습이 떠오릅니다. 시린 바람이 부는 겨울이 오면 보일러를 켜 집안을 포근하고 따듯하게 만드셨습니다. 커다란 냄비에 팔팔 끓는 사골의 냄새와 습기가 집안을 채우면 추운 겨울이 왔다는 것이 더욱 실감 났습니다. 계절이 바뀌었다는 것을 집안 곳곳에서, 식탁에서, 옷장에서 느낄 수 있었습니다.

> "자식은 언제나 부모보다 늦게 도착할 수밖에 없는 사람들이다. 이제야 조금은 의지가 되는 자식의 자리에 서서 나는 할 수 있는 게 이것밖에 없다는 듯 장바구니에 무얼 주섬주섬 주워 담는다."
>
> 『시간이 있었으면 좋겠다』, 김신지, 잠비

엄마는 항상 늦지 않게 계절을 준비하셨습니다. 도토리 할아버지처럼. 하지만 변화된 계절을 준비하는 것이 마냥 즐거운 일이 아니라는 것을 엄마가 되고 나서야 깨달았습니다. 때에 맞춰 옷과 이불을 꺼내 정리하고 제철에 맞는 재료로 요리하는 일은 많은 수고와 정성이 따르기 때문입니다. 엄마에게는 또 하나의 집안일로 다가왔을 것입니다. 하지만 귀찮다고 계절의 변화를 준비하지 않으면 성큼 다가온 계절을 뒤따라가기 바빴을 겁니다. 부랴부랴 계절에 맞는 옷을 찾으려 옷장을 뒤적거리다 짜증을 냈을지도 모르고 얇은 이불로 매서운 추위와 바람을 피하려다 된통 감기에 걸려 고생했을지도 모릅니다. 계절의 변화를 온전히 느끼며 살 수 있었던 것은 어쩌면 엄마의 수고로움 덕분이 아니었을까요?

목욕탕에 얽힌 추억

그림책을 읽으면서 어린 시절 엄마와 목욕탕에 가던 추억이 떠올랐습니다. 엄마는 일주일에 한 번 꼭 목욕탕에 저를 데리고 가셨습니다. 지금은 많이 없어진 대중목욕탕에 말입니다. 어린 시절, 저는 목욕탕에 가는 것을 좋아하지 않았습니다. 엄마의 손에 억지로 이끌려 목욕탕에 간 적이 더 많았습니다. 뜨거운 물에 들어가는 것이 싫기도 했고 엄마가 벅벅 때를 문질러주면 시원하기보다 너무 아팠습니다. 벌겋게 달아오른 몸을 보면서 엄마랑 다시는 목욕탕에 오지 않겠다고 속으로 다짐했지만 목욕을 마치고 엄마가 건네주시는 요구르트가 어찌나 달고 맛있던지! 어쩌면 이 맛을 잊을 수 없어 못 이기는 척 엄마의 손에 이끌려 목욕탕에 다시 갔을지도 모르겠습니다.

하지만 초등학교 이후로는 엄마와 목욕탕에 가지 않습니다. 엄마와 함께 목욕탕에 가는 일이 부끄러웠기 때문입니다. 훌쩍 큰 몸을 가장 가까운 엄마에게 보이는 일이 쉽지만은 않습니다. 지금도 선뜻 엄마와 함께 목욕탕에 갈 용기가 나지 않습니다. 그때보다 조금 작아진, 야윈 엄마의 몸을 마주할 자신이 없기 때문입니다. 생각만 해도 왈칵 눈물이 쏟아질 것 같습니다. 그래도 엄마와 함께한 목욕탕의 추억은 마음속의 소중한 추억으로 남아 있습니다.

계절이라는 선물을 준비하는 마음

사계절 목욕탕을 보며 엄마를, 엄마와 함께한 추억을 떠올릴 수 있어서 행복했습니다. 또 그림책 한 권으로 사계절의 변화를 느낄 수 있어서 좋았습니다. 동물들이 모두 겨울잠을 자러 가고 나서야 탕에 들어가 피곤한 몸을 녹이는 도토리 할아버지의 얼굴이 마치 계절의 준비를 끝낸 예전의 엄마 모습을 보는 것 같았습니다. 이제는 투덜대지 않고 계절의 변화를 준비하며 기뻐할 가족의 모습을 떠올려봅니다. 가족에게 계절을 선물하는 일. 그것이야말로 엄마가 줄 수 있는 최고의 선물이라는 것을 엄마가 되고 나서야 깨닫습니다.

그림책이 던지는 질문

Q. 목욕탕과 관련한 추억이 있다면 무엇인가요?
Q. 변화하는 계절을 어떻게 준비하고 계신가요?

날씨처럼 다양한 모습의 추억

『날씨 상점』

날씨 상점
토마쓰리 지음 / 웅진주니어 / 2023

"두두지씨의 마음처럼 빛나는 무지개가
마을 위에 떠올랐어요."

날씨 상점을 아시나요?

푸른 용의 마법에 걸린 신비한 비늘 언덕 마을에는 신기한 물건을 파는 상점들이 많습니다. 그중에서도 가장 인기 있는 곳은 두두지 씨의 날씨 상점! 날씨로 만든 온갖 물건을 파는 상점입니다. 오늘은 어떤 손님들이 찾아왔을까요? 두두지 씨는 자신을 찾아온 손님들에게 필요한 물건을 척척 내어줍니다. 꽃이 시들어 슬픈 고양이, 몸이 커서 숨바꼭질하면 먼저 들켜 버리는 코끼리, 잠을 자지 못한 개구리까지. 딸랑! 마지막 손님은 시끌벅적 동물 친구들입니다. 두두지 씨는 눈싸움이랑 썰매를 타고 싶은 친구들에게 칙칙 뿌리면 눈이 내리는 눈사람 향수를 줍니다. 다음날 동물 친구들이 뿌린 눈사람 향수 때문에 온 마을이 하얀 눈으로 뒤덮입니다. 추워하는 동물들에게 두두지 씨는 햇살 아래에 걸어 둔 실로 목도리를 만듭니다. 날씨 상점에는 또 어떤 손님들이 찾아올까요?

날씨 상점으로 오세요

날씨 때문에 고민이세요? 여기 날씨 상점으로 놀러 오세요. 고민이 무엇이든지 간에 두두지 씨가 모두 해결해 줍니다. 날씨를 살 수 있다면 얼마나 좋을까요? 한 번쯤은 날씨를 살 수 있다면, 고를 수 있다면 어떨까 생각해 본 적 있지 않나요? 여행과 소풍, 야외활동을 앞두고 있다면 가장 큰 고민은 바로 날씨입니다. 날씨가 좋지 않으면 아무래도 활동의 제약이 생깁니다. 비가 내리면 옷도 젖고 우산도 써야 하고 우비도 입어야 하고 장화도 신어야 합니다. 비에 젖은 벤치에 마음대로 앉을 수도 없고 돗자리를 깔고 도시락을 먹을 수도 없습니다. 비가 내려 즐거운 소풍과 여행을 망치게 되면 정말 속상합니다.

날씨는 삶에서 중요한 역할을 합니다. 처음 만나는 사람에게 "오늘 참 날씨가 좋지요?"라고 물어본 적 다들 있지 않으신가요? 어색한 분위기 속에서 대화의 물꼬를 터 주는 질문으로 날씨만 한 것이 없습니다.

날씨에 얽힌 아이와의 추억 하나

아이를 낳고 가장 신경 쓰는 부분 중의 하나가 바로 날씨입니다. 비가 온다는 예보라도 있으면 유아차를 끌고 나갈 수 없기 때문입니다. 물론 유아차에 커버를 씌울 수도 있지만 한 손으로는 우산을 쓰고 유아차를 밀어야 하니 평소보다 두 배로 힘이 더 듭니다. 게다가 비가 많이 내리면 커버로 들이치는 비 때문에 유아차가 다 젖기도 합니다. 차라리 그럴 바엔 아기띠를 하고 외출하거나 아이에게 우비를 입히고 나가는 편이 훨씬 낫습니다. 비가 내리고 있다면 바깥에 나갈 생각을 하지 않을 텐데 비가 올 듯 말 듯한 날씨라면 실시간으로 날씨 예보를 확인하게 됩니다. 집에만 있으면 답답하니 밖에 나가 아파트 산책이라도 하고 싶은데 흐린 하늘을 보니 비가 내릴 것 같아 예보를 자꾸만 확인하게 됩니다. 강수확률이 낮으면 더욱 고민입니다. 정말 날씨 예보를 믿어도 되는 걸까?

한 번은 장마철에 날씨 예보를 보고 아이와 키즈카페에 간 적이 있습니다. 강수확률이 30퍼센트 미만이라 철석같이 믿고 비가 잠깐 오지 않을 때 부리나케 놀러 갔습니다. 그런데 웬걸. 한 시간 정도 신나게 놀고 있는데 천둥번개가 치며 비가 쏟아졌습니다. 우산도, 우비도, 장화도 없는데 쏟아지는 비를 보니 잠깐 내리다 말 것 같진 않았습니다. 결국 아이와 비를 맞으며 집으로 돌아왔습니다. 혼자라면 잠깐 내리는 비를 맞아도 괜찮지만 아이까지 비를 맞게 하는 건 정말 미안한 일이었습니다. 그날 이후로 강수확률이 조금이라도 있으면 밖을 나가지 않는 편입니다. 날씨는 잘못이 없습니다. 이

예보를 받아들이고 결정하는 일은 오로지 사람에게 달려있기 때문입니다.

집으로 돌아와서도 한참 동안 비는 세차게 내렸습니다. 베란다로 나가보니 "꺄아아~" 노란 우비를 입고 장화를 신은 초등학교 저학년 학생쯤으로 보이는 아이들 몇몇이 비 오는 게 신이 났는지 소리를 지르면서 놀고 있었습니다. 떨어지는 비를 온몸으로 맞으며 빗물에 첨벙첨벙 물장구를 치고 펴지도 않은 우산을 친구에게 휘두르며 장난을 칩니다. 그림책에서나 볼 법한 비 오는 날의 풍경이 베란다 밖에서 펼쳐지고 있었습니다. 해맑게 비를 즐기는 아이들을 보니 저도 모르게 입가의 미소가 퍼졌습니다. 어쩌면 어린 시절이야말로 가장 순수하게 비를 즐길 수 있는 시기가 아닐지. 아이들은 커 가면서 비를 맞으면 감기에 걸리니까, 옷과 가방, 신발이 젖으니까, 부모님께 혼나니까, 다른 사람들이 이상하게 쳐다볼 테니까 등 여러 이유로 비를 맞지 않게 될 겁니다.

비 오는 날의 낭만 하나쯤은 누구나 있을 겁니다. 누군가는 지글지글 바삭한 부침개를 먹는, 걸쭉한 막걸리는 마시는, 일 년 중 몇 안 되는 장화를 신는, 버스나 지하철에 우산을 두고 내려 두고두고 아쉬워하는, 차창 밖으로 흐르는 비를 구경하는, 흐르는 빗물에 슬쩍 눈물을 감추는, 자기만의 낭만과 방식으로. 그때 아이와 함께 맞은 비는 야속하지만 '아이와 함께 맞은 비'라는 점에서 저에게는 특별하게 기억되고 있습니다.

날씨 상점이 있다면 무엇을 사고 싶나요?

아이에게 날씨 상점이 있다면 어떤 것을 사고 싶냐고 물으니 "소리가 안 나는 천둥번개를 사고 싶다."라고 대답합니다. 천둥번개 치는 것을 구경하는 것은 재미있는데 소리가 너무 크고 웅장하니 무섭다는 겁니다. 갑자기 우르르 쾅쾅 소리를 내며 천둥번개를 치면 모두가 큰 소리에 놀랍니다. 아이에게 이 소리는 엄청 크고 무서운 소리로 다가왔나 봅니다. 또 어떤 것을 사고 싶냐고 물었더니 "비가 쏴아 쏟아지면 머리가 아프니까 비가 살살 오게 해주는 약을 사고 싶어."라고 말했습니다. 우산을 잘 쓰지 못해 아이에게 우비를 입히는데 한

번은 어린이집 등원할 때 비가 너무 많이 쏟아져서 우비도 젖고 안에 입은 옷까지 다 젖은 적이 있었습니다. 앞이 잘 보이지 않을 만큼 비가 많이 왔는데 고스란히 우비를 쓴 머리 위로 비가 떨어지니 머리가 아팠던 겁니다. 비가 살살 오면 간지러워서 좋은데 비가 너무 많이 내리면 시끄럽고 머리도 아프다면서 말입니다. 이 말을 들으니 저도 공감이 되었습니다. 비가 너무 많이 후두둑 쏟아지면 옷도 다 젖고 우산을 써도 들이치는 비를 막을 수 없습니다.

제가 날씨 상점에 간다면 항상 봄과 같은 날씨를 유지하게 해주는 물건을 사고 싶습니다. 저는 사계절 중 특히 봄을 좋아합니다. 너무 덥지도 춥지도 않은 적당한 날씨에 파릇파릇한 새싹이 피고 다채로운 색의 꽃이 피어 눈을 즐겁게 만들어 주는 봄. 봄기운이 일렁이면 마음도 함께 일렁이고 겨우내 움츠렸던 몸이 기지개를 켭니다. 야외 활동을 하기에 이만한 계절이 또 없습니다. 바깥나들이를 하기에도 더할 나위 없는 날씨이기도 합니다.

작년 여름은 유독 더웠습니다. 최장 열대야, 연일 계속되는 폭염, 추석에도 내린 폭염경보. 더위를 많이 타는 저에게는 잔인할 만큼 정말 더웠습니다. 첫째 아이를 어린이집에 등·하원 시키기 위해 첫째 아이의 손을 잡고 둘째 아이를 아기띠 한 채 바깥에 나가는 일은 고역이었습니다. 위로는 햇볕, 아래로는 땅의 열기, 품에는 아이의 온기까지 더해져 저의 얼굴은 항상 벌겋게 달아오르기 일쑤였습니다. 연신 흐르는 땀방울을 닦으며 손으로는 부채질을 하고 더위를 식히기 바빴습니다. 집에 오면 티셔츠는 항상 축축하게 젖어 있었습니다. 날씨 상점이 있었다면 이렇게 고생하지 않아도 될 텐데 말입니다.

언제나 맑은 날만 있을 수 없겠지만

이 그림책을 읽으면서 조금이나마 날씨에 대한 스트레스에서 벗어날 수 있었습니다. 상상만으로도 기분이 좋아졌습니다. 언제나 햇살 좋은 따뜻한 봄만 있을 수는 없겠지만 날씨에 상관없이 우리에게 미치는 영향은 언제나 밝고 포근했으면 좋겠습니다. 더러 날씨 때문에 속상하고 억울한 일이 있더라도 내일의 해는 뜰 테고 또 다른 모습으로 찾아올 테니 너무 걱정할 필요는 없습니다. 햇살이 좋을 때, 흐릴 때, 바람이 불 때, 더울 때, 추울 때, 비가 올 때, 눈이 내릴 때 날씨마다 누릴 수 있는 다양한 모습의 행복을 즐기며 살아갈 수 있기를 바랍니다.

그림책이 던지는 질문

Q. 날씨 상점이 있다면 무엇을 사고 싶나요?
Q. 날씨와 얽힌 아이와의 특별한 추억이 있다면?

실수해도 괜찮아

『그래그래, 갖다 버리자』

그래그래, 갖다 버리자
홀링(홍유경) 지음 / 북극곰 / 2023

"엄마가 모르는 것 같아."
"맞아, 맞아. 다행이야."

엄마가 없는 사이

엄마가 잠시 집을 나갔습니다. 집에 남게 된 하나와 두리, 강아지, 고양이는 무엇을 하며 놀까요? 먼저 축구를 합니다. 받아라! 신난다! 하며 공을 차다 그만 꽃병을 깨트립니다. 어떻게 할까요? 아이들은 엄마 몰래 갖다 버리기로 합니다. 엄마는 모를 거라면서. 집으로 돌아온 아이들은 이제 한시름 놓는가 싶더니 아뿔싸! 이번에는 고양이가 말썽입니다. 고양이가 식탁에 놓인 음식을 쏟는 바람에 소파와 매트가 망가집니다. 아이들은 이번에도 갖다 버리기로 결심합니다. 빈손으로 홀가분하게 집으로 온 아이들은 또 다른 난관에 봉착합니다. 바로 매트가 찢어졌기 때문입니다. 결국 모든 것을 갖다 버린 아이들은 텅 빈 집을 보며 공놀이해도 되겠다고 좋아하지만 한편으로는 엄마가 알아차리게 될까 걱정됩니다. 집으로 돌아온 엄마의 반응을 생각하면 도저히 가만히 있을 수 없습니다. 결국 버린 물건들을 전부 집으로 가지고 옵니다. 띠띠띠띠 철커덕! 드디어 엄마가 집에 오셨습니다. 과연 엄마는 어떤 반응을 보일까요?

엄마가 외출한 사이. 아이들은 축구를 하며 신나게 놀기로 합니다. 하지만 그건 엄청난 재앙의 시작이었습니다. 꽃병이 공에 맞아 깨지며 물이 쏟아지고 심지어 다른 화분까지 떨어지고 맙니다. 그야말로 비상사태. 이 상황을 수습하기 위해 아이들이 찾은 해결 방법은 갖다 버리기! 그리고 문을 열고 밖을 나가서도 누군가에게 들킬까 조심조심 집을 나서고 눈치를 살피며 물건을 갖다 버립니다. 고양이가 사고를 친 것을 수습하기 위한 방법도 물건을 버리는 것입니다.

아이들이 잘못을 수습하는 방법은 다 갖다 버리기! 어떻게 보면 참 단순합니다. 깨진 꽃병, 물에 젖은 소파, 찢어진 매트가 눈에 보이지 않으면 해결될 것이라고 생각합니다. 아이들은 엄마에게 혼날까 두렵습니다. 자신들의 잘못을 솔직하게 고백할 용기는 없지만 과감하게 가져다 버릴 용기가 있다는 사실! 바로 이 생각이 우리를 웃음 짓게 합니다. 엄마 없는 집에서의 일상은 아이들에게는 긴장의 연속이지만 우리에게는 엉뚱 발랄하고도 귀엽게 다가옵니다.

알고도 모르는 척해 준 그 시절 부모님의 배려

누구나 한 번쯤 이런 경험이 있을 겁니다. 부모님은 절대 모를 거라는. 자신이 완벽하게 부모님을 속였다고 생각한 적 말입니다. 어릴 적 엄마의 화장대는 저에게 판도라의 상자였습니다. 화장대에 앉아 엄마는 얼굴에 무언가 톡톡 찍어 바르고 연필로 눈썹을 쓱쓱 그리고 크레파스 같은 것을 입술에 발랐습니다. 전과는 조금 다른 화사해진 엄마의 얼굴을 보며 나도 한번 엄마처럼 해 보고 싶다는 생각이 들었습니다. 하지만 엄마의 화장대를 함부로 만질 수는 없었습니다. 엄마가 항상 지켜보고 있어 실행에 옮기는 일은 어려웠습니다.

 그러던 어느 날 엄마가 잠깐 마트에 간 사이 이때가 기회다 싶어 엄마의 화장대에 앉았습니다. 엄마처럼 얼굴에 분을 발라도 보고 아이라이너로 눈썹도 그려 보고 립스틱으로 입술을 칠하기도 했습니다. 그때 당시에는 무엇인지도 모르고 엄마가 하는 행동을 똑같이 따라 하면 되는 줄 알았습니다. 하지만 거울에 비친 저의 얼굴은 끔찍했습니다. 하얀 얼굴에 까만 눈썹, 빨갛게 칠한 입술은 저의 입술보다 두 배나 커져 있었습니다. 너무 놀라 한동안 어떻게 해야 할까 생각하다 화장실로 달려갔습니다. 손에 한가득 비누 거품을 만들어 얼굴을 연신 비비고 물로 헹구기를 여러 번. 다행히 엄마는 사고를 수습하는 동안 집에 도착하지 않았습니다. 그렇게 완벽하게 사고를 수습했다고 안도의 한숨을 쉬었고 잘 있었냐는 엄마의 물음에 "네."라고 아무렇지 않게 대답은 했지만 엄마에게 만행을 들킬까 얼마나 조마조마했는지 모릅니다. 돌이켜 보면 엄마는 아마도 제가 화장대에서 무슨 일을 저질렀는지 알고 계셨던 듯합니다.

 제자리에 두지 못한 아이라이너, 손자국이 그대로 남은 립스틱, 뒤집어놓은 쿠션 팩트의 퍼프를 보고도 엄마는 저에게 아무런 말이 없으셨습니다. 만약 그때 엄마가 저를 불러 크게 혼내셨다면 어땠을까요? 평소에 엄마가 있으면 해 보지 못하는 것을 엄마가 없는 것을 기회 삼아 했을 때의 해방감은 저에게 자유로움을 주었습니다. 엄마의 잔소리 없이 무언가를 했을 때의 쾌감이란! 하면 안 된다는 것을 알고 있기에 저지른 일을 스스로 해결하려는 책임감. 들키지 않으려 애를 쓴 흔적이 어쩌면 엄마에게 일종의 연민을 준 것은 아니었을까요?

 아이들이 조용하면 불안합니다. 분명 어디선가 하지 말아야 할 행동을 하고 있거나 사고를 치고 있다는 신호입니다.

한 번은 제가 설거지를 하고 있는데 첫째 아이가 조용해 이상해서 불렀더니 베란다에 있다고 걱정하지 말라고 대답했습니다. 무언가 이상한 낌새가 느껴졌지만 설거지를 중단하기는 싫어 묵묵히 하던 일을 했습니다. 다음날 첫째 아이를 등원시키고 집을 청소하는데 베란다 한구석에 흙이 모여 있는 것을 발견했습니다. 바질을 심은 화분에 흙이 절반이나 사라진 상태였습니다. 어제 제가 설거지하는 동안 첫째 아이가 베란다에서 놀다 화분을 엎었는데 혼날까 두려워 혼자 수습하려다 벌어진 일이겠지요? 엎어진 흙을 보니 화가 나기는커녕 웃음이 새어 나왔습니다. 혼자 얼마나 끙끙거리며 애를 썼을까? 혼자 들킬까 봐 얼마나 가슴이 조마조마했을까? 이런 생각이 드니 화가 나기보다 자꾸만 웃음이 나왔습니다. 아이에게는 이 일에 대해 아무런 말을 하지 않았습니다. 아이는 분명 엄마에게 들키지 않았다고 생각하겠지요?

실수해도 괜찮아

누구나 실수를 합니다. 때로는 실수를 눈감아 주는 것도 필요합니다. 실수했다고 주눅 들지 않게 혼내지 않고 스스로 해결하려고 노력했다는 사실을 칭찬해 줄 필요가 있습니다. 정말로 해서는 안 되는 위험하고 나쁜 행동이라면 혼을 내야겠지만 살면서 한 번쯤은 아이들에게 이러한 경험이 살아가는데 위대한 경험으로 남지는 않을까 생각해 봅니다.

그림책이 던지는 질문

Q. 부모님이 알고도 모르는 척해 준 실수가 있다면?
Q. 아이가 저지른 실수를 모르는 척해 준 적이 있나요?

우리는 누군가의 산타

『어쩌다 산타』

어쩌다 산타
박성익 지음 / 책읽는곰 / 2023

"나는…… 산타예요. 오호호호!"

산타가 왔어요

깊은 밤, 춥고 배고픈 여우는 따뜻한 불빛에 이끌려 마을에 한 집으로 들어갑니다. 여우는 트리에서 따뜻한 털모자를, 옷장에서 포근한 외투를 꺼내 입습니다. 게다가 장화를 신고, 허리띠까지 메는 것도 모자라 마지막으로 허기를 채우려 주방으로 들어갑니다. 싱거운 샌드위치에 후추와 소금을 뿌리다 그만 코가 간지러워 "에취!" 큰 소리로 재채기를 합니다. 그 바람에 토끼네 가족이 모두 잠에서 깨고 맙니다. "누구세요?"라는 말에 여우는 머리를 굴리다 '산타'라고 자신을 소개합니다. 어쩌다 산타가 되어 버린 여우는 아기 토끼들에게 선물을 나누어줍니다. 그런데 아이들이 너무 많은 나머지 선물이 금방 동이 나 버리는데…. 여우는 잠시 고민하다가 캐럴을 부릅니다. 어딘지 모르게 어설프고 수상한 산타. 여우는 끝까지 자신의 진짜 정체를 들키지 않고 집에서 무사히 나갈 수 있을까요?

12월이 되면 한 해가 한 달밖에 남지 않았다는 아쉬움과 크리스마스가 얼마 남지 않았다는 설렘에 마음이 들뜹니다. 집을 나서면 캐럴이 울려 퍼지고 곳곳에 크리스마스 장식과 트리를 보며 분위기에 젖기도 합니다. 한동안은 "산타는 우는 아이에게 선물을 안 주신대! 산타는 엄마, 아빠 말 잘 듣는 아이에게 선물을 주신대!"라며 아이를 달래거나 회유할 때 써먹을 수 있는 보기 좋은 구색이 생깁니다. 그러면 아이는 "장난감 제자리에 다 정리했어요. 산타가 선물 주겠다. 엄마, 아빠 말 잘 들을게요. 산타 할아버지 꼭 선물 주세요."라고 말을 합니다. 이 모습을 보고 있자면 아이에게 산타는 어쩌면 내가 생각한 것보다 훨씬 커다란 존재라는 것을 실감하게 됩니다.

정말로 산타가 되어 버린…

어쩌다 산타는 정말로 어쩌다 산타가 되어 버린 여우의 이야기를 담고 있습니다. 굴뚝으로 몰래 토끼네 집에 들어와 옷과 신발을 훔쳐 입는 여우. 굶주린 배까지 채우려다가 그만 재채기를 하는 바람에 존재를 들키고 맙니다. 하지만 진짜 정체를 들킬까 봐 '산타'라고 자신을 소개합니다. 하필이면 산타와 비슷한 빨간 옷에 모자, 장화를 신고 있어 토끼네 가족은 미심쩍긴 하지만 그래도 여우에게 더 이상 정체를 추궁하지 않습니다.

그런데 토끼 가족은 정말 여우의 말에 속은 것일까요? 토끼 엄마는 오히려 선물이 금방 동이 나서 어떻게 할지 고민하다 캐럴을 부르는 여우에게 "메리 크리스마스!"라고 말하며 케이크를 대접합니다. 처음에는 여우가 곤란한 상황을 탈피하려고 '산타'라고 거짓말을 하지만 아기 토끼의 기대 가득한 눈빛을 외면하지 못합니다. 아이들의 순수함을 지켜 주려 끝까지 '산타'의 역할에 충실히 임합니다. 이 모습을 보고 토끼 가족들은 여우에게 마음을 엽니다. 진짜 정체를 알고도 크리스마스니까 관용을 베풉니다. 여우는 토끼 가족에게 인사를 받으며 진짜 '산타'의 모습으로 집을 나섭니다. 어쩌다 산타가 되었지만 진짜 산타가 되어 토끼 가족에게 잊지 못할 크리스마스의 추억을 선사합니다.

세상 모든 사람들이 행복한 크리스마스가 되기를

크리스마스는 어떤 날로 기억되시나요? 서로 선물을 주고받으며 사랑을 전하고 그날 하루만큼은 웃음이 끊이지 않는 일 년 중 몇 안 되는 행복한 날입니다. 어릴 적 눈을 뜨면 바로 트리로 달려가 선물부터 확인했습니다. 올해는 어떤 선물을 주셨을까? 언제 산타가 다녀갔을까? 궁금해하고 기뻐하며 선물을 열어 보는 것이 저에게는 소중한 추억으로 남아 있습니다. 자라면서 산타의 존재를 알게 되며 실망하기도 했지만 그래도 슬프지는 않았습니다. 산타는 정말로 있으니까!

저와 똑같이 아이도 눈을 뜨면 곧장 트리로 가 산타가 준 선물을 열어 봅니다. 비록 산타와 약속한 것처럼 엄마, 아빠 말을 잘 듣지 않았지만 그래도 산타가 선물을 주었다며 기뻐하는 아이의 모습을 볼 때면 입가에 웃음이 절로 납니다. "산타! 고마워요. 앞으로 더 말 잘 들을게요~ 내년에도 또 선물 주세요!"

토끼 가족이 여우에게 베푼 관용, 아이들의 순수함을 지켜주기 위해 최선을 다한 여우. 이 둘의 모습을 보고 있으면 마음이 따스해집니다. 매일이 크리스마스 같을 수는 없겠지만 매일이 크리스마스인 것처럼 따뜻한 시선으로 이웃과 세상을 바라본다면 우리가 사는 세상이 조금은 더 따스해지지 않을까요? 미리 메리크리스마스!

그림책이 던지는 질문

Q. 가장 기억에 남는 크리스마스가 있다면?
Q. 다가오는 크리스마스에 아이에게 주고 싶은 선물은 무엇인가요?

낯설지만 새로워

『번개 열매』

번개 열매
이덕화 지음·그림 / 웅진주니어 / 2023

"와, 신기해! 이 열매를 먹었더니
번개가 치고 비가 내리잖아?"

처음 보는 신기한 열매의 등장

몸이 녹아내릴 것 같은 무더운 여름입니다. 더위에 지친 잔디와 공룡은 숲을 걷다 난생처음 보는 열매를 발견합니다. 바로 번개처럼 생긴 열매! 너무 궁금한 나머지 잔디는 나무에 올라가 열매를 따 보고 가위바위보를 해서 지는 쪽이 먹자고 제안합니다. 먹어도 되는 걸까? 가위바위보에서 진 공룡은 걱정도 되지만 호기심에 꿀꺽 한 입 베어 먹습니다. 시원하고 상쾌하고 달콤한 맛에 먹으면 우르르르 쾅쾅! 번개가 치고 비까지 내려 더위를 식혀 줍니다. 그래서 이 열매의 이름을 번개 열매라고 부릅니다. 털이 빠직! 몸이 으슬으슬! 머리끝이 짜릿! 입안에서 토도독 톡 톡! 터지는 맛에 친구들 모두가 번개 열매의 매력에 푹 빠집니다. 무더위를 날려 주는 시원한 비까지! 번개 열매 하나로 친구들은 즐겁기만 합니다. 더 더! 자꾸만 번개 열매를 먹고 싶은 친구들. 결국 참지 못하고 많은 번개 열매를 먹게 되는데…. 앞으로 친구들에게는 어떤 일이 벌어질까요?

번개 열매를 보고 있으면 시원하고 짜릿한 기분이 듭니다. 한 번도 경험하지 못한 번개 열매는 친구들에게 새로운 경험을 선사합니다. 온몸이 찌릿하고 머리카락은 삐죽삐죽 서는 맛에 더위를 식혀주는 비가 내리니 무더위를 날려버리기에 이보다 더 좋은 것은 없습니다. 처음 번개 열매를 발견했을 때 잔디와 공룡은 어떤 반응을 보였을까요? 낯설어 무섭지만 그래도 호기심을 참지 못합니다. 과감하게 먹어 보자니 그건 좀 무섭고 그래도 궁금하니 서로 가위바위보를 해서 먹을 순서를 정하는 모습이 귀엽게 다가옵니다. 가위바위보에 진 공룡이 번개 열매를 먹고 눈이 번쩍 뜨이는 모습을 본 잔디도 용기를 내어 번개 열매를 먹습니다. 무더위에 축 늘어져 등장한 잔디와 공룡은 번개 열매를 먹고 활기를 찾게 됩니다. 다른 친구들은 잔디와 공룡에게 건네받은 번개 열매를 먹고 마찬가지로 한 번도 경험하지 못한 짜릿함을 느낍니다. 그렇게 다 같이 번개 열매를 먹으며 더위를 식히고 지친 마음을 달랩니다.

하지만 너무 신이 난 나머지 참지 못하고 엄청나게 많은 양의 번개 열매를 먹습니다. 그 바람에 우르르르 쾅쾅! 먹구름이 가득 몰려오고 그 바람에 쏴아아아 세차게 내리는 비를 맞게 됩니다. 그래도 친구들은 즐겁기만 합니다. 한가득 번개 열매를 따서 친구들에게 소개하고 다양한 음식을 만들며 즐거운 시간을 보냅니다.

처음이 주는 새로움과 낯섦

아이가 처음 이유식을 먹을 때가 생각납니다. 모유, 분유만 먹다가 고체 형식의 이유식을 먹는 건 아이에게도 엄마에게도 낯설지만 신기한 경험입니다. 쌀에 애호박, 고구마, 감자 등의 채소를 하나씩 추가해 이유식을 만들어 아이에게 먹일 때면 재미도 있었지만 힘들기도 했습니다. 열심히 만든 이유식을 먹여 주었는데 이상한지 얼굴을 찌푸리며 뱉거나 고개를 돌릴 때. 먹지 않는다고 의사 표현을 할 때면 속이 상했습니다. 새로운 맛을 경험하는 아이가 '이건 무슨 맛이지?' 궁금한 표정으로 바라보고 더 달라고 입을 벌리고 꿀떡꿀떡 잘 받아먹을 때면 세상을 다 가진 것처럼 기뻤습니다. 아이에게 이유식은 번개 열매처럼 낯설지만 한번 경험해 보면 짜릿하고 신선한 느낌을 주었습니다. 이러한 경험이 쌓여 한 가지 채소에서 여러 채소를 넣은 이유식으로, 그리고 유아식을 먹으며 다양한 음식을 접하고 세상의 맛을 알아갑니다.

아이에게 이유식을 하나하나 입에 떠 먹여주는 수고로움은 있지만 태어나 처음으로 먹는 이유식을 대하는 아이를 보며 낯설지만 새로운 것을 대하는 태도에 대해 생각합니다. 나이가 들며 점점 어떤 것에도 잘 흥미나 신선함을 느끼지 못할 때가 많습니다. 나이에 비례하여 경험치가 생기며 새로운 것을 접할 기회가 줄어듭니다. 새로운 것을 접한다고 하더라도 스스로 궁금증이나 호기심이 없으면 꺼리는 탓에 늘 익숙한 것, 해 오던 것, 아는 것 위주로만 경험하려고 합니다. 새로움보다 익숙함, 낯섦보다 편함을 택하게 됩니다. 그러다 보니 일상이 지루하게 느껴질 때가 생깁니다.

이 그림책을 읽으며 오랜만에 신선하고 짜릿한 기분을 느낄 수 있었습니다. 번개가 칠 만큼 온몸의 전율이 흐르고 머리가 쭈뼛 서는 기분을 저도 같이 느꼈습니다. 더위에 축 처진 친구들이 번개 열매로 일상의 활력을 찾고 더위를 극복하며 혼자가 아니라 서로 나누기까지 하는 모습은 감동으로 다가왔습니다.

때로 번개 열매가 필요한 순간이 있다

일상을 살다 보면 우리에게 가끔은 번개 열매가 필요할 때가 있습니다. 잔잔하게 흘러가는 일상도 좋지만 때로는 그동안 느껴보지 못한 짜릿함이 일상에 새로운 활력이 됩니다. 누군가에게는 가보지 않은 곳으로 여행하는 것이, 새로운 분야의 책을 읽는 것이, 새로운 음식을 먹는 것이 번개 열매가 될 수도 있습니다. 축 처진 어깨를 일으켜 줄, 일상에 새로운 바람을 가져다줄 나만의 번개 열매를 찾을 수 있기를…. 새로운 것에 좀 더 관대하고 느긋한 마음을 가질 수 있기를…. 그리하여 일상이 이전과는 조금 다르게 더 풍성하고 즐거워지면 좋겠습니다.

그림책이 던지는 질문

Q. 새로운 것을 보면 어떻게 반응하는 편인가요?
Q. 최근에 경험한 새롭고 짜릿한 것이 있다면?

나쁜 하루에도 좋은 순간은 있어

『맙소사, 나의 나쁜 하루』

맙소사, 나의 나쁜 하루
첼시 린 윌리스 지음, 염혜원 그림 / 주니어RHK / 2023

"나쁜 하루에도 좋은 순간은 있어.
하루가 끝나 간다는 것. 그거면 충분해."

맙소사! 이렇게 나쁜 하루가 있다니!

살다 보면 유독 고되고 힘든 날이 있습니다. 빨리 하루가 지나갔으면 하는 그런 날. 아이는 그런 날을 '나쁜 하루'라고 합니다. 침대에서 일어나기는 힘들고, 시리얼에 우유를 많이 부어 바삭한 시리얼이 눅눅해져 속상한 날. 옷 입기는 싫고 유치원에 늦어 쌩쌩 달리다 넘어져 무릎이 까진 날. 친구가 새치기를 하는 바람에 간식을 받지 못할까 걱정되는 날. 친구와 노는데 자꾸만 딸꾹질이 나오고 가장 좋아하는 푸딩을 집에 두고 와 속상한 날. 그림에 살살 색칠하려다 다 번져 버리고 마트에서 장을 보기도 지루한 날. 끈적한 소스에 고약한 냄새까지 먹기 싫은 음식을 먹어야 하고 양치하기는 싫고 귀뚤귀뚤 계속 울어 대는 귀뚜라미 때문에 짜증나는 날.

이 모든 일들이 하루에 일어난다면 어떨까요? 아이의 말처럼 정말 '나쁜 하루'라고 생각되지는 않나요? 어제는 너무 재미있었는데 오늘은 너무 나쁘고 빨리 내일이 오기를 바라며 하루를 버틴 아이는 잠자리에 누우며 생각합니다. '나쁜 하루에도 좋은 순간은 있다'라고 말입니다. 나쁜 하루였지만 하루가 끝난다는 것. 그것 하나만으로도 충분하다고 즐거운 날이 온다고 상상하며 잠들 수 있음에 행복해하며 잠이 듭니다.

나쁜 하루에도 좋은 순간이 있다

맙소사! 할 만큼 아이의 하루는 정말 좋지 않은 일들의 연속입니다. 어제는 신나고 재미있었는데 오늘은 왜 이렇게 나쁜 하루인 건지! 아이에게 내일은 즐거운 하루가 되기를 바라는 절실한 간절함이 묻어납니다. 무슨 일을 하든지 간에 일이 다 꼬여 기분이 나쁩니다. 나쁜 기분 때문에 해야 할 일들을 또 망쳐 버려 하루 종일 우울하고 슬픕니다. 아이는 정말 운수 나쁜 날이라며 자신의 감정을 다 토해 냅니다. 아침에 일어나는 것도 힘들고 옷 입는 것도, 계속 딸꾹질하는 것도, 매일 해야 하는 양치하기도 싫다며 마음속에 있는 말과 감정을 모조리 쏟아 냅니다. 하지만 이 투덜거림이 지극히 부정적이지 않습니다. 왜냐하면 아이는 자신의 감정을 솔직하게 이야기하기 때문입니다. 아이는 하루를 돌아보고 다가올 내일을 긍정적으로 생각하는 마음을 지녔습니다. '나쁜 하루에도 좋은 순간은 있다'며 오늘의 슬픔을 달래고 즐거운 날이 올 거라고 믿기 때문입니다. 여러분은 나쁜 순간을 마주하면 어떻게 대처하나요?

 명상가이자 수많은 시를 쓰고 번역한 류시화 시인의 일화입니다. 제주의 한 바닷가에서 시인은 한 여인을 만났습니다. 그 여인은 시인을 알아보고 자신이 생각했던 제주의 모습이 아니라며 불평을 늘어놓았습니다. 한참 동안 여인의 이야기를 듣던 시인은 "그런데 왜 이곳 제주도가 당신이 생각한 제주도여야만 하죠?"라고 말했습니다. 당신의 생각과 기준의 범위를 넘어서기 때문에 제주도는 더 역동적인 섬이라는 시인의 말에 여인은 무척 당황했습니다. 그로부터 한 달 후 동네 한 빵집에서 다시 여인과 마주쳤는데 제주살이를 한 달에서 석 달로 연장할 정도로 여인은 그날 이후로 자신이 상상했던 것보다 더 좋은 제주를 느끼며 살고 있었답니다.

자신이 생각한 대로, 상상한 대로, 계획한 대로, 기대한 대로 이루어지지 않으면 우리는 대부분 어떤 선택을 하나요? 자신의 상황을 비관하고 불평하기 시작합니다. 그런데 자신의 생각과 상상과 계획과 기대와 다르다며 실망하고 불평하기 시작하면 삶은 더욱 불행한 방향으로 흘러갑니다.

"당신이 세상을 보는 방식은 세상이 당신을 보는 방식이다. 장미의 울음을 들은 적 있는가? 사람들이 장미꽃의 아름다

움이 아니라 가시에 대해 말할 때 장미는 운다."

『내가 생각한 인생이 아니야』, 류시화, 수오서재

뜻밖의 기쁜 순간을 찾는 사람이 되기를

저는 아이가 한 단계 더 나아가 나쁜 순간을 마주했을 때 '나쁜 순간'을 '뜻밖의 기쁜 순간'으로 생각할 줄 아는 사람이 되기를 소망합니다. 우유를 많이 부어 바삭한 시리얼은 먹지 못했지만 시리얼이 녹아 더 달콤한 우유를 마실 수 있게 되었음에, 푸딩을 집에 놓고 왔지만 친구들이 하나씩 간식을 나누어 줘서 다양하고 더 맛있는 간식을 먹을 수 있게 되었음에 감사할 줄 아는 아이로 말입니다. '그래서', '때문에' 대신 '그럼에도', '덕분에'로 바꾸어 생각할 수 있는 긍정적인 사람이 되었으면 좋겠습니다.

하루 중 어떤 시간을 가장 좋아하시나요? 저는 하루를 마치고 잠자리에 누웠을 때가 제일 행복합니다. 오늘 하루를 어떻게 보냈든 간에 포근한 이불 속에 누울 수 있다는 것만으로도 기쁨이 차오릅니다. 계획한 일들을 다 하지 못해 아쉬운 마음이 있어도, 말을 듣지 않은 아이에게 화를 내 마음 한구석이 불편해도, 남편에게 잔소리를 늘어놓아 미안한 마음이 있어도 잠자리에 누우면 이 모든 불편한 감정은 사라집니다. 어느새 불편한 감정은 오늘 하루 무사히 마쳤다는 안도와 평안으로 바뀝니다. 온전히 하루를 마쳤다는 사실만으로도 감사해 남편의 손을 슬며시 잡고 아이의 얼굴을 매만지며 "사랑해."라고 말하며 미안함을 대신 표현하고 사랑과 감사로 마무리하는 유일한 시간이기도 합니다.

 어느 날 아침 아이에게 평소와 똑같이 "오늘도 즐겁고 행복한 하루 보내."라고 이야기를 했는데 아이가 "엄마가 그렇게 말해 주어서 예쁜 하루가 시작되었어요!"라고 대답했습니다. 그런 예쁜 말은 또 어디서 배워온 것인지 이 말을 듣자마자 마음이 뭉클해졌습니다. 이 말을 들으니 정말 예쁜 하루가 될 것만 같아 기분이 좋아졌습니다. 이렇게 우리의 하루는 별것 아니지만 작고 사소한 것으로도 충분히 예쁜 하루로 바꿀 수 있는 힘이 있습니다. 아이의 머리를 쓰다듬고 볼에 뽀뽀를 하며 웃으며 아이의 오늘을 응원하는 엄마의 모습이 아이의 하루를 예쁘고 기분 좋게 만들어 줄 수 있는 것을 깨닫는 아침이었습니다.

'나쁜 하루에도 좋은 순간이 있다'는 사실을 마음속에 새기며 다가올 내일을 기대하고 상상하며 살아가기를. 행복한 내일이 있음에 감사하며 살아가기를. 한 걸음 더 나아가 나쁜 순간을 뜻밖의 좋은 순간으로 생각하는 사람이 되기를. 우리의 모든 오늘이 '예쁜 하루'가 될 수 있기를 바랍니다.

그림책이 던지는 질문
Q. '나쁜 하루'를 어떻게 하면 '좋은 하루'로 바꿀 수 있을까요?
Q. '나쁜 하루' 속에서 좋은 순간을 한 번 찾아봅시다.

II

그림책 속에서
아이처럼 성장합니다

그림책으로 성장하는 엄마

누구나 그럴 때가 있어

『그럴 때가 있어』

그럴 때가 있어
김준영 지음·그림 / 키즈엠 / 2020

"괜찮아. 애쓰지 않아도 돼.
누구나 그럴 때가 있는걸."

가끔 그럴 때가 있다

한 아이가 가끔 밥이 잘 넘어가지 않는다고 고백합니다. 그러자 무엇이든 잘 먹는 돼지도 자기도 가끔 그럴 때가 있다고 말합니다. 또 다른 아이는 물에 들어가기 싫다고, 말이 잘 나오지 않는다고, 똥 누는 게 힘들다고, 잠이 잘 오지 않는다고 털어놓습니다. 그때마다 동물들은 자기도 그럴 때가 있다고 말합니다. 수영을 잘하는 물개는 가끔 물에 들어가기 싫을 때가 있다고. 말을 잘하는 앵무새도 가끔은 말하기 싫을 때가 있다고. 커다란 똥을 잘 싸는 코끼리도 가끔은 똥을 잘 싸지 못할 때도 있고 겨우내 잠을 잘 자는 곰도 가끔은 잠을 잘 자지 못할 때가 있다고. 이 이야기를 들은 아이들은 "정말? 너도 그래?"라며 자신의 이야기에 공감을 해준 동물들에게 환한 미소를 짓습니다.

그럴 때가 있습니다. 평소에는 눕기만 하면 잘 자는데 내일 가족사진을 찍으러 간다는 설렘에, 너무 피곤하지만 이대로 하루를 마무리하기는 아쉬워서, 아침에 일어나면 먹으려고 아껴둔 쿠키 때문에, 내일이면 사흘간에 연휴라 삼시 세끼를 다 차려야 한다는 부담감에, 어떤 날은 그냥 아무런 이유 없이 잠이 들지 못할 때도 있습니다. 갑자기 평소에 잘 먹던 달걀 볶음밥이 먹기 싫을 때가 있고 매번 재미있게 챙겨 보는 유튜브가 보기 싫을 때가 있습니다. 아침마다 물처럼 마시는 커피가 당기지 않는 날도 있습니다. 이유를 찾고 싶지만 가끔은 그냥 하기 싫을 때가 있습니다.

아이에게도 그럴 때가 있습니다. 하지만 이 사실을 우리는 쉽게 간과합니다. 예외를 인정하지 않고 아이를 가르쳐야 한다는 생각에 사로잡혀 아이에게 부모의 생각을 강요할 때가 있습니다.

너 또한 그럴 때가 있다는 걸 잊지 않을게

한 번은 아이가 열이 많이 나 고생을 한 적이 있습니다. 40도 가까이 열이 나서 응급실에 가서 주사를 맞아도 열이 내리지 않아 병원에 수시로 드나들어야 했습니다. 벌겋게 익은 얼굴에 축 처진 채 놀지도 못하고 누워있는 아이를 보니 참 안쓰러웠습니다. 그렇게 아이는 사흘 동안 열로 고생하다가 서서히 열이 내리자 조금씩 컨디션을 되찾았습니다. 저는 그동안 고생한 아이에게 수고의 의미와 다가오는 중복도 기념할 겸 닭곰탕을 끓여 주었습니다. 푹 삶은 닭과 진하고 뽀얗게 우러난 육수를 보면서 아이를 몸보신시켜 줄 생각에 마냥 들떠있었죠. 닭곰탕에 밥을 말아 후루룩 잘 먹는 아이를 상상하면서.

　그런데 아이는 정성껏 차린 식판에 손을 대지 않았습니다. "동생은 닭곰탕 엄청 잘 먹네." 동생과의 경쟁 심리를, "우와~ 닭곰탕 진짜 맛있겠다. 안 먹으면 엄마랑 아빠가 다 먹어야지!" 으름장을 놓아도 한 술도 뜨지 않았습니다. 숟가락으로 밥을 끼적거리는 모습을 보니 화가 치밀어 올랐습니다. 더운 날씨에 뻘뻘 땀을 흘려가며 아이를 먹일 생각 하나로 푹 끓인 닭곰탕인데! "밥 안 먹을 거면 치운다." 최후의 통첩을 날려 보아도 소용이 없었습니다. 아이는 한 숟갈도 뜨지 않고 결국 식탁에서 내려갔습니다. 식판을 치우면서 반찬 투정을 한다는 생각에 괘씸함이 밀려왔습니다. 어색한 공기가 집안을 감쌌습니다.

　아빠와 양치를 하고 나온 아이는 "오늘은 국에 밥 말아 먹고 싶지 않았어요. 다음부터는 밥 잘 먹을게요. 엄마 사랑해요."라고 말했습니다. 평소에 아이는 국에 밥을 잘 말아 먹어서 아무렇지 않게 닭곰탕에 밥을 말아 준 것인데 오늘은 마음에 들지 않았던 것이었습니다. '그래. 그럴 때도 있겠지. 가끔은 국에 밥을 말아 먹고 싶지 않을 때도 있겠지.'라는 생각에 아이에게 미안한 마음이 들었습니다. "아 그랬어? 국에 밥을 말아 먹고 싶지 않았구나. 미안해. 다음에는 어떻게 먹고 싶은지 먼저 물어볼게."라고 말하며 서운한 마음을 달래 주었습니다.

　아이가 반찬 투정을 한다고 생각해서, 좋은 식사 습관을 길러 주어야 한다는 생각에, 화를 낸 스스로가 부끄러웠습니다. 정작 아이에게 왜 밥을 먹지 않았는지 이유는 물어보지 않고 마음대로 생각한 것. 아이의 이야기를 들어 주고 왜 그런지 이유를 묻고 그 이유에 공감해 주는 과정이 빠져 있다는 것을 깨달았습니다. 그리고 그 이유가 어른인 엄마의 입장에서 터무니없다고 하더라도 '그럴 때가 있겠지. 너도.' 이해해 주는 너그러운 마음이 필요하다는 것을. 저 또한 그럴 때가 있는 것처럼 말입니다. 아이의 말에 귀를 기울이고 행여 나의 마음에 들지 않더라도 내가 너보다 나이가 더 많다는 이유로, 엄마라는 이유로 아이의 마음을 짓밟거나 무시하는 일이 없도록 세심한 주의를 기울여야겠습니다.

그림책이 던지는 질문

Q. '그럴 때가 있지'하는 순간이 있었나요?
Q. 아이의 마음을 몰라주어 아이가 속상해한 적이 있다면?

마음의 문을 열어 봐

『저리 가! 잡아먹기 전에』

저리 가! 잡아먹기 전에
애덤 레르하우프트 지음, 스콧 매군 그림 / 키즈엠 / 2019

"함께 웃음을 나눈 아이를 잡아먹는 건
쉬운 일이 아니었지요."

저리 가! 잡아먹기 전에

 동굴에 사는 시어도어는 조용한 것을 좋아합니다. 요란하게 지저귀는 새, 큰소리로 울부짖는 늑대, 동굴 안을 보며 으르렁대는 호랑이에게 시어도어는 "잡아먹기 전에 저리 가."라며 으름장을 놓습니다. 하지만 시어도어는 아직 배가 고프지는 않아 동물들을 그냥 놓아줍니다. 그런데 그날 밤 한 아이가 찾아옵니다. 아이는 아주 크게 소리를 질러 시어도어의 화를 돋웁니다. 시어도어가 그만하라고 경고하지만 아이는 도망가지 않고 더 크게 소리를 지릅니다. 결국 화가 머리끝까지 치밀어 오른 시어도어가 모습을 드러냅니다. 하지만 아이는 무서워하기는커녕 시어도어의 코를 콕콕 찌릅니다. 자신을 잡아먹으려 하는 시어도어를 피해 도망치다가 꽈당 넘어진 아이는 갑자기 웃음을 터뜨리는데…. 과연 아이는 어떻게 될까요?

  아이는 "저리 가, 기분 나쁜데 그냥 확 잡아먹어 버릴까?" 시어도어가 위협하는 말을 낮은 목소리로 무섭게 읽어 주는 것을 좋아했습니다. 무섭지만 재미가 있는지 계속 읽어 달라는 아이의 요구가 마냥 귀찮지만은 않았습니다. 그러다 아이가 꽈당 넘어지고 까르르 웃는 장면에서 웃음도 같이 터졌습니다. 만약 시어도어가 아이를 잡아먹었으면 어땠을까요? 아마 저희 아이도 계속 무서움에 떨다가 "그만 읽을래요!" 하고 책을 덮어 버렸을지도 모르겠습니다.

책에서는 시어도어가 왜 동굴에 살게 되었는지 나오지 않지만 다른 동물들에게 적대적인 것을 보아 그들과의 관계에서 상처를 입은 것으로 보입니다. 시어도어는 얼굴을 드러내지 않고 깜깜한 동굴에서 자신을 방해하는 동물들에게 날 선 반응을 보입니다. 날카로운 말을 뱉으며 스스로를 보호합니다. 자신을 귀찮게 하거나 방해하고 상처를 준 대상에게 하는 위협적인 행동과 말은 겉으로는 시어도어를 보호하는 것 같지만 그럴수록 점점 시어도어는 고립됩니다. 그러나 아이는 시어도어의 위협적인 말과 경고에도 전혀 무서워하지 않습니다.

마음의 문을 열어 준 건 다름 아닌 누군가의 다정함

시어도어의 정체가 드러나고 무서움이 최고조에 달아올랐을 때 갑자기 터진 아이의 웃음. 얼떨결에 같이 웃어 버린 시어도어의 모습이 이 책의 가장 큰 포인트입니다. 아이는 정말로 잡아먹으려고 자신을 쫓아오는 시어도어를 피하다가 넘어져도 그저 이 상황이 웃겨 깔깔깔 웃을 뿐입니다. 자신을 얕잡거나 업신여기는 비웃음이 아닌 순수하게 터져 버린 아이의 웃음에 시어도어도 같이 웃음이 터지고 결국 함께 웃음을 나눈 사이에서 둘도 없는 친구로 발전합니다.

　마음의 문을 꽁꽁 닫고 살았던 시어도어의 동굴은 풀 한 포기조차 자라지 않는 황폐한 모습이었습니다. 하지만 웃음을 함께 나눈 친구를 잡아먹을 수 없었던 시어도어와 아이는 그날 이후로 둘도 없는 친구가 됩니다. 시어도어는 이제 더 이상 동굴 안에만 있지 않습니다. 아이와 함께 밖에 나가 놉니다. 시어도어가 사는 동굴 주변은 이제 꽃도 피고 나비가 찾아오는 곳으로 변합니다. 시어도어가 동물들을 다 쫓아냈을 때의 눈은 편안해 보이거나 전혀 행복해 보이지 않습니다. 오히려 외롭고 처량한 모습입니다. 어쩌면 시어도어는 자신의 마음을 열어 줄 그 누군가를 애타게 기다리고 있었던 것을 아닐까요? 결국 시어도어 마음의 빗장을 열어 준 것은 누군가의 다정함과 관심이 아니었을까요?

"사람들과 부대끼고 치이다 어쩔 수 없이 마음의 문을 닫아 버렸다면, 그래서 애써 혼자가 편하다고 말하고 있다면 한 번쯤 생각해 보라. 내가 지금 여기에 있다는 사실을 알아줄 사람이 아무도 없어도 정말 좋은지 말이다."

『만일 내가 인생을 다시 산다면』, 김혜남, 메이븐

무너진 나를 일으킨 사람이 있나요?

제가 중요한 시험에서 낙방했을 때의 일입니다. 방문을 닫고 엉엉 우는 저에게 평소처럼 "밥 먹자."라고 주방에서 부르는 엄마의 목소리, 좋아하는 반찬을 앞에 슬그머니 가져다주는 동생의 손길, 아무렇지 않게 "좋아하는 TV 프로그램 한다. 같이 보자."라고 말하는 아빠의 말이 그때의 저를 토닥여 주었습니다. 근사한 식당에서의 식사나 다음부터 더 잘하면 될 거라는 조언이나 충고보다 사소하고도 별것 아닌 것들이 어둡고 슬픔에 젖어있던 저를 다시 일어나게 해 주었습니다.

아이들을 돌볼 때도 이러한 순간들이 더러 있습니다. 밤에 우는 아이의 울음소리를 모르는 척하고 잠자는 남편에게 화가 나 입을 닫았는데 다음 날 제가 좋아하는 초코우유를 들고 집으로 온 남편을 볼 때. 아이의 손을 붙잡고 진지하게 "집에 오면 손부터 깨끗이 씻는 거야."라고 말하고 있는데 맥락 없이 뿡! 방귀를 뀌고 냄새가 고약하다며 코를 막는 아이의 모습을 볼 때. 하면 안 되는 행동을 하고 슬그머니 저의 눈치를 보다 "엄마! 사랑해요."라고 말하는 아이를 볼 때 꽁꽁 얼어 있던 마음의 문이 사르르 녹습니다. 마음의 문을 두드려 준 것은 바로 '다름 아닌 것들'입니다. 아이의 웃음이 시어도어의 마음을 열었던 것처럼 말입니다.

살다 보면 아이도 동굴로 들어갈 때가 있을 겁니다. 그때마다 왜 그런지 이유를 캐묻고 재촉하기보다 평소와 다름없이 아이를 대하는 의연한 모습이 엄마에게 필요하겠습니다. 아무렇지 않게 평소처럼 방긋 웃어 준다면 더 말할 것도 없겠죠?

그림책이 던지는 질문

Q. 마음의 문을 닫았을 때 마음의 빗장을 열어 준 사람이 있나요?
Q. 자기만의 동굴로 들어간 아이에게 해주고 싶은 말이 있다면?

있는 그대로의 나

『뱀 머리에 털이 났대!』

뱀 머리에 털이 났대!
박종진 지음 / 키즈엠 / 2017

"뱀은 이제 머리카락을 그냥 내버려 두었어."

머리에 털이 난 뱀이 있다?

항상 험악한 인상을 하고 있어 다른 동물들에게 무서움의 대상인 뱀이 있습니다. 그런데 어느 날 뱀 머리에 털이 납니다. 뱀의 머리에 털이라니! 그 모습이 우스꽝스러워 뱀은 머리카락을 뽑지만 뽑으면 뽑을수록 이상하게 점점 머리카락은 더 많이 자랍니다. 뱀은 변해 버린 자신의 모습을 들킬까 몰래 고슴도치 의사를 찾아갑니다. 그러나 딱히 방법이 없다는 말에 실망합니다. 그런데 머리에 털이 났다는 소문은 언제 퍼진 것인지 자꾸만 동물 친구들이 자신을 찾아옵니다. 각양각색의 모자를 들고 오거나 머리를 다듬어 주러 오거나 헤어스타일을 바꿔 주기 위해서 말입니다. 문득 뱀은 머리카락이 없던 과거로 돌아가면 어쩌나 싶을 정도로 자신을 위로하고 걱정하는 동물 친구들이 있다는 사실에 행복해합니다. 자신을 피하고 무서워만 하던 동물 친구들은 이제 정말로 뱀의 진짜 친구가 되어 서로 행복하게 살아갑니다.

머리에 털이 난 뱀을 본 적 있으세요? 아마도 없을 겁니다. 그래서 가지각색의 다양한 헤어스타일을 한 뱀의 모습을 볼 때면 마냥 웃겼습니다. 아이도 "어? 뱀이 양갈래머리를 했네. 머리카락을 위로 삐죽 묶었네." 하며 다양한 헤어스타일을 한 뱀의 모습을 보고 좋아했습니다. 하지만 정작 뱀의 표정은 좋지 않습니다.

먼저 머리에 털이 났다는 사실에 당황합니다. 그리고 그 사실을 들키고 싶지 않았지만 소문이 널리 퍼지는 바람에 난감해합니다. 원하지 않은 상황의 연속이었으나 평소 무섭다고 도망치던 동물들이 자신을 걱정하고 위로하자 뱀의 기분은 한결 나아집니다. 뱀은 머리에 털이 난 자신의 모습을 인정하고 동물들과 행복하게 살아가는 방식을 택합니다. 여기에서 끝이 아니라 뒤에는 더 큰 반전이 숨어 있기에 여기까지 말하겠습니다.

문제가 더 큰 문제로

한순간에 변한 자신의 모습을 받아들이기는 어렵습니다. 뱀도 머리에 털이 난 자신을 처음에는 받아들이지 못했습니다. 그래서 머리카락을 뽑아 버립니다. 그런데 머리카락이 사라지기는커녕 점점 더 늘어나 뱀을 당황하게 만듭니다. 한 가닥에서 네 가닥, 여덟 가닥. 뽑으면 뽑을수록 주체할 수 없이 머리카락이 늘어납니다. 만약 뱀이 머리카락을 뽑지 않았더라면 이렇게까지 수북하게 머리카락이 많아지지는 않았을 텐데…. 오히려 머리카락을 뽑는 바람에 문제가 더 커집니다. 뱀도 이렇게까지 머리카락이 많아질 거라고는 상상하지 못했겠지만 한두 번 뽑다가 멈췄더라면 이 정도로 사태가 심각해지지는 않았을 텐데…라는 생각이 자꾸만 들었습니다.

　우리도 한 번쯤은 이런 경험이 있을 겁니다. 한번은 저의 얼굴에 뾰루지가 나서 온종일 신경을 곤두세운 일이 생각납니다. 뾰루지가 신경 쓰이니 자꾸 만지다가 오히려 더 빨갛게 붓고 밴드를 붙였는데 "얼굴에 왜 밴드를 붙였어?"라는 질문에 답하느라 진을 뺀 적이 있습니다. 그러다 보면 '그냥 가만히 내버려둘걸….' 이라는 후회가 밀려옵니다. 남들에게는 고작 뾰루지일 수도 있지만 나에게는 오늘의 기분을 좌지우지할 만큼 중요한 문제인데…. 만약 문제를 없앨 수 없다면 우리는 어떤 선택을 하게 될까요? 받아들이거나 못 받아들이거나. 바로 문제를 받아들일 수는 없다고 하더라도 뱀처럼 자꾸 문제를 크게 만들 것이 아니라 있는 그대로의 모습을 받아들일 줄 아는 태도가 필요합니다.

있는 그대로 받아들인다는 것

다행히 뱀에게는 마음씨 좋은 동물 친구들이 있습니다. 뱀에게 머리카락이 난 것은 아주 중요한 문제였지만 동물들에게는 달랐습니다. 뱀의 변한 모습을 보고 놀리거나 비웃지 않았습니다. 오히려 더 크게 당황했을 뱀의 마음을 달래려 모자도 가져가고 다양한 헤어스타일로 꾸며주기도 하고 머리를 다듬어 줍니다. 그런 동물 친구들에게 뱀은 위로를 받습니다. 뱀은 자신의 모습을 받아들이고 오히려 이제는 머리카락이 없던 과거로 돌아가는 것을 걱정합니다. 털이 난 뱀의 모습을 있는 그대로 받아들이고 위로하는 동물 친구들의 모습이 감동적입니다. 무섭고 험악한 뱀이 하루아침에 우스꽝스럽게 변한 모습을 놀림거리로 삼지 않고 품어주는 태도가 멋졌습니다. 다른 사람의 모습을 헐뜯고 어떻게 하면 더 우습게 보이도록 만들까 고민하는 것이 아니라 슬픔을 헤아려주고 세상과 단절되지 않도록 끊임없이 마음의 문을 두드리는 동물 친구들. 우리는 누군가에게 이런 존재가 될 수 있을까요?

뱀의 변한 모습을 보며 재미있다고 웃은 저의 모습이 그림책을 다 읽고 나니 부끄러웠습니다. 뱀에게 손가락질하며 웃기보다 "머리카락이 난 모습도 멋있는데!"라고 뱀의 마음을 먼저 헤아려 주었다면 더 좋지 않았을 텐데…. 앞으로는 동물 친구들처럼 다른 사람의 슬픔을 기뻐하는 사람이 아닌 보듬어 주는 어른이 되어야겠습니다. 우리 아이가 만약 뱀처럼 자신에게는 중요한 문제로 고민하는 모습을 발견하면 있는 그대로의 자신을 받아들일 수 있도록 옆에서 도와주는 멋진 조력자가 되어 주고 싶습니다.

그림책이 던지는 질문

Q. 남들에게는 별것 아닌 일이지만 나에게는 '중요한 문제'였던 적이 있다면?

Q. 털이 난 뱀을 보고 여러분은 어떤 반응을 보였나요?

어른에게 보이지 않는 것

『왜 안 보여요?』

왜 안 보여요?
박규빈 지음 / 길벗어린이 / 2022

"엄마 아빠도 다시 볼 수 있잖아요!"

왜 어른들 눈에는 보이지 않나요?

오늘도 엄마, 아빠는 아이들에게 잔소리를 합니다. 하지만 아이들은 엄마, 아빠의 말에도 전혀 아랑곳하지 않습니다. 공룡 등 위에서 노는 것이 얼마나 재밌는데! 에베레스트산에 태극기도 꽂고 우리 집도 지어야 하는데! 비행기도 운전하고 바다에서 다이빙도 해야 하는데! 우주선을 타고 날아가 외계인들로부터 지구도 지켜야 하는데! 이뿐만이 아닙니다. 장난감에 꽁꽁 묶여서 움직이지도 못하고 헬리콥터를 타고 날아 낙하산을 타야 하는데 엄마와 아빠는 왜 자꾸 꾸짖기만 하는 걸까요? 세상에는 얼마나 재미있는 것이 많은데 그만하라니! 어른들은 왜 보이지 않는 걸까요? 안경 너머의 우리들 세상이!

태어나기 전에 아이들은 모두 신비한 안경을 선물 받는다는 사실을 알고 있나요? 엄마와 아빠는 아이들에게 끊임없이 하지 말라고, 하면 안 된다고 이야기합니다. 그런데 엄마, 아빠의 까맣게 타들어 가는 속도 모르고 아이들은 즐겁게 놀기만 합니다. 오히려 어른들은 우리가 보는 세상을 왜 보지 못하냐며 반문합니다. 질문에 대한 답을 찾기 위해 아이들의 모습 뒤로 이어지는 반쪽짜리 종이를 넘기면 아이들이 보는 상상의 세계가 펼쳐집니다. 화가 난 엄마와 아빠의 모습을 검은색으로만 표현한 것과 다르게 아이들이 마주하는 세계는 각양각색의 다채로운 색으로 표현되어 있습니다. 아이들의 세상은 온통 동심으로 가득 화려한 색깔들의 향연입니다.

엄마와 아빠는 그날도 어김없이 화만 내다가 어느 날 "어? 엄마 아빠 것도 있네!"하며 아이에게 안경을 건네받습니다. 안경을 건네받은 엄마와 아빠는 그제야 아이들이 바라보는 세상과 마주하며 아이들의 알록달록한 색깔에 물들어갑니다. 환하게 웃은 엄마와 아빠. 그리고 "엄마 아빠도 다시 볼 수 있잖아요!"라고 말하는 아이의 말이 우리에게 울림을 줍니다. 그런데 건네받은 안경을 보니 살짝 금이 가 있습니다. 이것은 엄마와 아빠도 어릴 땐 신비한 안경이 있었지만 어른이 되면서 점점 쓰지 않게 되고 어느 한구석으로 사라졌다는 것을 의미하는 것은 아닐까요?

아이들의 숨겨진 속사정

먹기만 해도, 박수를 치기만 해도, 걷기만 해도 칭찬받던 아이들은 커가며 점점 잔소리를 듣습니다. 어른들은 늘 말합니다. "뛰지 마라, 만지지 마라, 마음대로 하지 마라." 하면 안 되는 것들은 왜 이렇게 많을까요? 사회의 구성원으로 살아가기 위해서는 사회적 규범을 익혀야 합니다. 무엇을, 어떤 것을 하면 안 되는지를 익히며 사람으로 성장해야 하기 때문에 어른들은 아이를 제지하고 혼을 낼 수밖에 없습니다. 하지만 아이가 왜 그런 행동이나 말을 하는지 아이의 입장에서 생각한 적이 있으신가요? 왜 자꾸 뛰지 말라고 하는데 뛰는 걸까? 왜 엄마 것을 함부로 만지지 말라고 하는데 만지는 걸까? 밖으로 나가자는 말에 신이 나서 방방 뛸 수도 있고, 처음 보는 엄마 물건이 무엇일까 신기해서 만질 수도 있습니다. 단순히 그 행동을 보거나 아이의 말을 들으면 화부터 날 수 있겠지만 그 속을 자세히 들여다보면 다른 속사정이 있을 수도 있습니다.

아이를 먹이고 재우고 기저귀를 갈아 주는 일 못지않게 중요한 것은 바로 아이와의 놀이입니다. 아이가 자고 먹는 시간 외에는 대부분 노는 시간입니다. 어떻게 아이와 놀아 주어야 할까? 무엇으로 놀아 주어야 할까? 엄마는 끊임없이 고민합니다. 그래서 국민 장난감이라 불리는 장난감들을 사기도 하고 수백 권의 전집을 사기도 합니다. 아이와 함께 놀아

주기 위해서. 장난감과 책의 힘을 빌려 아이와 놀아주는 일은 처음에는 비교적 쉽습니다. 처음은 언제나 새롭고 짜릿하니까요. 조금 관심을 기울이고 작동법을 익히고 놀다 보면 아이도 엄마도 시간 가는 줄 모릅니다. 하지만 점차 시간이 지나면 흥미를 잃게 되고 또 다른 놀거리를 찾습니다. 집에 장난감이 넘쳐도 가지고 놀고 싶은 장난감은 없고 책이 많아도 읽고 싶은 책이 없다는 이유 아닌 이유로 엄마는 자꾸만 새로운 것을 찾습니다.

그리하여 엄마는 아이의 발달 시기에 알맞은 장난감은 무엇이 있는지, 어떤 장난감이 좋은지 알아보고 찾는 일에 공을 들입니다. 하지만 아이들은 우리가 보기에 별것 아닌 것을 가지고도 참 오랫동안 놉니다. 뭐가 그리 재미가 있는지 깔깔 웃으며 노는 아이들을 볼 때면 그렇게도 좋을까 싶기도 합니다. 병뚜껑을 데굴데굴 굴리고 쌓고 뚜껑에 물을 받아 컵에 옮기고 심지어는 발가락 사이에 끼우며 놀기도 합니다. 길에서 주운 나뭇잎 위에 그림을 그리고 나뭇잎 꽃다발을 만들기도 합니다. 나뭇잎을 부숴 가루로 만들고 피자를 만들기도 합니다. 어른들은 미처 생각하지 못한 것들로 노는 아이들을 칭찬하기는커녕 빨리 병뚜껑을 쓰레기통에 버리라고만 합니다. 나뭇잎은 더러우니 만지지 말라고 합니다.

"우리는 아이들의 힘을 빌려서라도 놀이의 감각을 회복하고 가끔씩 내 안의 어린아이를 꺼내놓아야 한다."

『아이라는 숲』, 이진민, 웨일북

아이들과 어떻게 놀아야 할까?

아이와 장난감과 놀거리가 많은 키즈카페에 가거나 테마별 체험 수업을 하는 곳을 찾아가는 것도 좋지만 집 근처 놀이터에 가보거나 공원에 가는 것은 어떨까요? 아이와 같이 미끄럼틀도 타보고 누가 더 높이 올라가는지 그네 시합도 하고 시소를 타며 바닥에 쿵 내려앉는 일이 얼마나 재미있는지 느낄 수 있습니다. 이름 모를 풀, 나무, 꽃을 자세히 들여다보고, 층간소음 걱정 없이 마음껏 쿵쾅거리다 보면 세상에는 얼마나 재미있는 것이 많은지 아이의 심정을 이해할 수 있습니다. 더불어 세상에서 가장 무해하고 순수한 웃음을 지으며 엄마를 바라보는 아이의 모습을 볼 수 있습니다. 아이는 엄마와 함께 마음껏 놀이한 이 시간을 특별한 추억으로 간직할 수 있습니다.

아이들에게 세상은 온통 즐거운 놀잇감으로 가득합니다. 세상에 재밌는 것이 이렇게 많은데 가만히 있을 수가 없지 않을까요? 그러나 우리 어른들은 어떤가요? 아이들이 재미를, 순수함을 잃는 이유는 바로 어른들 때문이 아닐까요? 색안경을 끼지 말고 아이 너머의 세상을 볼 수 있었으면 좋겠습니다. 한 번쯤은 아이의 입장에서 생각해 보면 좋겠습니다. 아이의 세상에 공감하고 아이와 함께 아무런 걱정 없이 신나게 놀아 주면 좋겠습니다. 우리의 세상도 아이들의 세상처럼 알록달록 물들어 가면 좋겠습니다.

그림책이 던지는 질문

Q. 아이에게 가장 많이 하는 말은 무엇인가요?
Q. 아이와 무엇을 할 때 가장 즐거운가요?

내면을 채우는 힘

『멋진 콩』

멋진 콩

조리 존 지음, 피트 오즈월드 그림 / 길벗어린이 / 2022

"중요한 건 따뜻한 말과 마음에서 우러나오는 미소야."

머리부터 발끝까지 멋진 콩

당당한 몸짓과 걸음걸이, 끼고 다니는 선글라스까지! 어느 것 하나 빠지지 않고 멋진 콩 삼총사가 있습니다. 학교는 물론 온 동네를 넘어 건너 이웃 마을에도 멋지다고 소문이 자자할 정도입니다. 반면 여기 평범한 콩 하나가 있습니다. 평범한 콩은 작년까지만 해도 멋진 콩들과 같은 콩꼬투리에서 자랐지만 정확한 이유 없이 노는 시간이 줄어들며 사이가 점점 멀어집니다. 멋짐이 흘러넘치는 콩 삼총사를 보고 평범한 콩은 그들처럼 머리를 위로 넘기고 거들먹거리며 다니기도 합니다. 으스대며 걷고 그들의 멋짐을 따라 합니다. 조금이라도 그들과 가까워지기 위해서! 하지만 그럴수록 친구들에게 관심을 받기는커녕 여기저기 부딪히고 다니기나 하는 하나도 안 멋진 모습으로 오히려 그들과 멀어지는 결과를 초래합니다.

혼자 지내는 시간에 익숙해진 평범한 콩은 어느 날 학교 식당에서 식판을 떨어트립니다. 그때 멋진 콩 하나가 나타나 식판에서 떨어진 음식을 치워 줍니다. 또 한 번은 운동장에서 뛰다가 무릎을 다치는데 멋진 콩 하나가 옆으로 다가와 아무 말 없이 상처를 감싸 줍니다. 그날 오후 평범한 콩은 도무지 수업이 들어오지 않아 멍하게 있다가 선생님이 부르는 소리도 듣지 못하고 친구들에게 웃음거리로 전락하고 맙니다. 공식적으로 못난이 콩이 되어 버린 평범한 콩은 과연 학교생활을 잘할 수 있을까요?

  평범한 콩은 다른 콩들과 마찬가지로 콩 삼총사가 부럽습니다. 그들과 예전처럼 함께 어울리고 싶고 그들의 무리가 되어 멋짐을 인정받고 싶습니다. 그래서 어울리지도 않는 선글라스를 끼거나 머리를 손질하거나 거들먹거리는 걸음걸이로 그들의 외모와 행동을 모방합니다. 하지만 자신에게 어울리지 않은 행동과 외모는 오히려 웃음거리가 됩니다. 그들과 가까워지려 하면 할수록 점점 멀어져만 갑니다.

  콩 삼총사는 평범한 콩과 달리 멋짐이 뿜어져 나옵니다. 하지만 겉으로 보이는 멋짐이 아니라 그들이 친구들을 대하는 태도와 배려가 그들을 더 멋지게 만듭니다. 멋진 콩 삼총사는 평범한 콩이 위기에 처했을 때 외면하지 않고 돕습니다. 도움을 생색내지 않고 당연하다는 듯이 묵묵하게 아무 말 없이 말입니다. 아무도 평범한 콩을 도와주지 않지만 제일 먼저 나서서 도와주는 모습은 평범한 콩에게 자신감을 심어줍니다. 그들이 보여 준 친절에 감동받은 평범한 콩은 그 후로 자신은 누군가에게 친절을 받을 만큼 소중하다는 사실을 깨달습니다. 애써 그들과 같아지려 노력하지 않아도 자신의 존재만으로도 충분하다는 것을. 이처럼 누군가가 베푼 친절은 다른 사람에게 어마어마한 큰 영향력을 미칠 수 있습니다.

비교는 이제 그만!

주변 사람들과의 비교, 미디어 속에서 비치는 화려하고 멋있는 사람들의 모습은 우리에게 동경의 대상이 됩니다. 뽀얀 피부, 날씬한 몸매, 빛이 나는 메이크업, 명품 옷과 가방으로 치장한 사람들의 모습은 우리에게 부러움의 대상입니다. 그들의 모습을 비슷하게 따라 하기도 하고 비슷한 옷이나 가방을 사서 꾸미기도 합니다. 어떤 연예인이나 유명인이 이 제품을 쓴다고 하면 그 제품은 하루도 되지 않아 금방 동이 납니다. 그 제품을 사면 나도 그 사람처럼 될 수 있을 것 같고 유행에 뒤처지지 않기 위해서는 없으면 안 될 것 같기 때문이지요. 하지만 그렇게 꾸며 낸 나를 '진짜 나'라고 할 수 있을까요? 꾸며 낸 나는 진짜가 아닌 가짜입니다. 겉만 같다고 해서 모두 그들과 같아질 수는 없습니다.

"비교를 통해 내가 변화하려면 질투가 나를 삼켜 버리게 놔 두기보다 '그렇다면 나에게 부족한 것은 무엇일까'를 생각해서 비교 자학 대신 나 개인의 목표를 보다 세심하게 구체화해 나가도록 한다."

『태도에 관하여』, 임경선, 토스트

저는 SNS를 하지 않습니다. SNS에 허비하는 시간이 아깝다는 생각을 하고 난 후부터는 핸드폰에서 어플도 지웠습니다. SNS 속의 사람들 모습은 모두 다 행복하고 좋아 보입니다. 그런데 현실의 나는 선크림 하나도 제대로 바르지 못하고 대충 묶은 머리에 후줄근한 옷을 입고 있는데…. 코까지 내려온 다크서클에 피곤함이 가득한 얼굴인데…. 아이들을 키우며 친구와의 만남도 줄고 출근도 하지 않으니 옷장에는 입기 편한 옷들만 가득합니다. 옷을 하도 사지 않으니 이제는 어떤 옷을 사야 하는지도 잘 모르겠습니다. 저의 현실은 이런데 SNS 속에는 예쁘게 꾸민 얼굴, 예쁜 옷에 아이들과 호캉스도 다니고 여행을 가는 화려한 모습이 주로 올라오니 보면 볼수록 위축되었습니다. 그리고 점점 삶이 불행하다고 느껴졌습니다. 뽐내고 싶은 모습들로 가득한 SNS라는 공간에서 뽐낼 것도 없는 일상을 비교하다 보니 스스로가 한없이 초라해 보였습니다.

엄마표라는 말의 함정

또 다방면의 '엄마표' 고수들은 저의 마음을 힘들게 만들었습니다. 엄마표 이유식, 엄마표 반찬, 엄마표 놀이, 엄마표 학습지, 엄마표 영어. '엄마표'라는 말이 들어가지 않은 말이 없을 만큼 수많은 '엄마표'의 무엇이 저를 괴롭혔습니다. '엄마표'는 '아이를 위해 엄마가 시간과 노력을 들여 직접 만든'이라는 의미가 있습니다. 아이 하나 돌보는 일도 힘들고 시간도 없는데 도대체 그녀들은 어떻게 이유식과 반찬, 놀잇감도 직접 만들고 학습지까지 개발하는 것인지…. 놀라지 않을 수가 없었습니다. '엄마표'가 아니면 아이를 덜 사랑하는 것 같고 아이에게 최선을 다하지 않은 불량엄마가 된 것 같아 SNS를 할 때면 마음이 찜찜했습니다.

하지만 장난감과 책으로 널브러진 거실, 수북이 쌓인 설거지 더미, 아이가 기대만큼 먹지 않아 음식물 쓰레기가 되어 버린 이유식, 너무 피곤해 아이보다 먼저 뻗어버린 엄마의 모습이 사진 속 너머의 현실이라면 어떤가요? SNS 속 사진은 보여 주고 싶은 것만 편집합니다. 하지만 이제는 압니다. 좋아 보이는 것들로 넘쳐나는 SNS를 보며 박탈감을 느끼고 그렇게 하지 못하는 자신을 옥죄는 일은 없어야 한다는 사실을. '엄마표'라는 말은 '엄마의 영혼을 갈아 넣은'이라는 말의 동의어가 되어서는 안 된다는 것도 말입니다. 비교하고 질투하기보다 그 시간에 아이에게 더 집중하고 충분히 사랑을 주는 것. 그것이 엄마가 진정 해야 할 역할이라는 것을. 그래서 저는 과감하게 SNS를 삭제했습니다.

내면이 단단한 사람으로

남들과 비교하지 않으니 일상이 평온해졌습니다. 그러다 보니 자연스럽게 책을 읽을 시간이 조금씩 생겼습니다. 아이들과 함께 읽은 그림책을 혼자 읽으며 생각을 정리했습니다. 생활의 여유가 조금씩 생겼습니다. 내면을 채우는 시간이 곧 나를 위하는 시간이 되었고 이 시간을 알차게 쓰니 삶의 활력과 성취감이 생기기 시작했습니다. 진짜 멋짐은 겉모습이 아니라 내면에서 우러나온다는 것을 몸소 느꼈습니다.

멋진 콩을 읽으며 겉모습만 번지르르한 것이 아닌 속이 꽉 찬 사람이 되고 싶다는 생각을 했습니다. 보이는 것이 아닌 보이지 않는 곳까지 채울 수 있어야 한다는 것. 그것이야말로 우리의 삶이 더욱 행복하게 만들어 주는 것은 아닐까요? 내면이 단단한 사람이자 엄마가 되기 위해 저는 더 이상 다른 사람과 저를 비교하지 않으려 노력합니다. 이 노력은 현재까지도 진행 중입니다.

그림책이 던지는 질문

Q. 여러분은 다른 사람의 '어떤 점'을, '무엇'을 부러워하고 있나요?
Q. 내면을 채우기 위해서 무엇을 해야 할까요?

부모라는 보호막

『바람에 날아갔어』

바람에 날아갔어
이명희 지음 / 한울림어린이 / 2022

"우리 가족 절대로 손 놓으면 안 돼!"

바람에 모든 것이 날아갔어!

서영이는 심심합니다. 하지만 엄마는 청소하느라 바쁘다며 놀아달라는 서영이의 말에도 손사래를 칩니다. 엄마는 잔뜩 성이 난 표정으로 집을 청소하고 설거지를 합니다. 그 뒤로는 소파에 누워 잠을 자는 아빠의 모습이 보입니다. 엄마는 집안일하느라 바쁘게 움직이는데 아빠는 아랑곳하지 않고 소파에서 잠을 잡니다. 엄마와 아빠 사이에 냉기가 흐르고 집안은 이내 어색한 분위기로 바뀝니다. 서영이는 엄마와 아빠의 눈치를 살피다 속상한 마음에 창밖으로 고개를 돌리는데 휘이잉~ 고양이가 바람에 날아갑니다. 갑자기 거리가 들썩거리고 모든 것들이 바람에 날아갑니다. 킥보드와 자전거를 타는 사람들도, 오토바이 아저씨도, 간판도, 의자도 택시도 바람에 날아가지만 엄마와 아빠는 전혀 이 상황을 알지 못합니다. 서영이는 혼자 창문을 닫으려고 낑낑대다 그만 바람에 휩쓸립니다. 서영이의 비명 소리에 엄마와 아빠는 서둘러 달려가지만 서영이가 붙잡고 있던 커튼을 놓치는 바람에 높이 날아갑니다. 서영이를 붙잡으려던 엄마도 뒤이어 날아가자 아빠는 가족을 지키기 위해 슈퍼맨처럼 몸을 날립니다. 서영이네 가족은 무사히 다시 만날 수 있을까요?

오늘은 즐거운 주말인데 어쩐지 서영이네 집에는 차가운 냉기가 감돌기만 합니다. 엄마는 집안일하느라 바쁜데 아빠는 엄마를 도와주기는커녕 소파에 누워 잠을 잡니다. 그런 아빠의 모습에 엄마는 화가 납니다. 게다가 어제 늦게까지 술을 마시고 집에 들어와 엄마의 심기를 불편하게 만듭니다. 달그락 쨍쨍. 마치 화가 난 엄마의 마음을 대변하는 듯이 크게 울려 퍼지는 설거지 소리와 그 소리에 잠이 깨 기분이 좋지 않은 아빠 사이에서 서영이는 어찌해야 할지 모릅니다. 엄마와 아빠의 차가운 눈빛과 말에 주눅이 든 서영은 창밖을 바라봅니다. 그런데 바람에 모든 것들이 날아갑니다. 그 바람은 서영이도 날려 버리는데 서영이의 다급한 외침에 싸우던 엄마와 아빠는 그제야 사건의 심각성을 깨닫고 싸움을 멈추고 서영이를 구하러 달려듭니다. 엄마와 아빠가 다투지 않았더라면 서영이는 바람에 날아가지 않았을 테고 가족에게 위기가 찾아오지 않았을 텐데…. 다행히 아빠가 초인적인 힘을 발휘해 가족들을 구하지만 한편으로 씁쓸한 마음을 감출 수가 없습니다.

가족이 언제나 최우선이라는 마음

바람에 휩쓸려간 것은 어쩌면 거리의 간판, 의자, 사람만이 아니라 가족과 함께하고 싶은 서영이의 마음일지도 모릅니다. 모든 것을 휩쓸고 간 거리는 황량하고 쓸쓸하기 짝이 없습니다. 거리의 풍경은 마치 서영이의 쓸쓸한 마음과도 닮았습니다. 다행히 엄마와 아빠는 서영이를 구하기 위해 애를 쓰고 어떤 상황에서도 가족이 최우선이라는 것을 깨닫게 됩니다. 바람이 잦아들고 먹구름이 걷히고 해가 나오며 언제 그랬냐는 듯 거리는 다시 잠잠해지고 모든 것들이 제자리로 돌아옵니다. 엄마와 아빠의 다툼으로 마음에 먹구름이 드리웠던 서영이의 마음도 이내 서서히 걷히고 환한 햇살이 비칩니다.

책을 읽으며 저와 남편의 말과 행동에 대해 돌아보았습니다. 가끔 피곤하거나 힘들면 저도 모르게 목소리가 커지고 투덜댈 때가 있습니다. 그럴 때면 아이는 "엄마, 화났어요?"라고 묻습니다. 이 말을 들을 때마다 '나는 화가 났다고 말하지도 않았는데 아이는 나의 표정과 말투, 행동만으로도 아는구나!' 하고 놀랄 때가 많았습니다. 잔뜩 찌푸린 엄마의 표정, 툴툴거리는 말투, 평소보다 큰 목소리. 아이 앞에서 조심한다고 하지만 아이는 모든 것을 알고 있었습니다. 아이는 그릴 때마다 얼마나 불안하고 속상했을지 생각하니 마음이 무너져 내리는 것 같았습니다. 서영이를 보며 아이가 느꼈을 감정을 이해하고 나니 아이 앞에서는 절대로 나의 기분대로 행동하지 말아야겠다고 다짐했습니다.

아이는 부모의 행동이나 반응에 촉각을 곤두세웁니다. 부모에게 늘 안테나를 세우고 있기에 집안의 분위기, 엄마와 아빠의 감정을 금방 알아차립니다. 그림책을 보며 마음 한구석이 자꾸 불편했던 이유는 엄마와 아빠가 갈등을 해결하는 방식이 사뭇 저와 비슷했기 때문입니다. 입은 닫은 채로 감정의 불편함을 은연중에 드러내고 상대가 단박에 알아주기를 바라는 태도. 하지만 감정의 영역은 지극히 개인적인 부분이라 직접 이야기하지 않으면 상대는 자기 마음대로 곡해하거나 오해하는 상황이 벌어집니다. 서영이 엄마가 아빠에게 술을 마시고 늦게 퇴근해서 기분이 좋지 않다고 이야기를 했다면 어땠을까요? 어쩌면 아빠는 엄마에게 미안한 마음이 들어 주말 아침 늦게까지 잠을 자고 싶어도 집안일을 도우며 엄마의 기분을 풀어 주려 노력했을 수도 있습니다. 아니면

늦게 퇴근한 아빠가 회사일 때문에 늦어져서 미안하다는 말을 했더라면 아이가 불편해할 만큼의 갈등 상황은 오지 않았을지 모릅니다.

아이에게 부모는 세상의 전부

엄마와 아빠가 서로를 향해 날을 세우고 모진 말을 주고받는다면 아이는 어떤 기분이 들까요? 불안하고 두려울 겁니다. 부모는 아이 앞에서는 항상 말과 행동을 조심해야 합니다. 서로에게 마음이 상해 다툴만한 상황이 온다면 적어도 아이 앞에서는 티를 내지 말아야 합니다. 아이가 없을 때 왜 화가 났는지, 어떻게 이 상황을 해결해야 하는지 이야기를 주고받으며 문제를 해결하는 것이 더 나은 현명한 방법이 아닐까요? 아이에게는 딱 한 번이라고 해도 그 상황이 평생의 상처로 남을 수 있습니다. 부모는 아이에게 안전한 보호막이 되어야 합니다. 세상은 믿고 살만한 곳이며, 사랑으로 가득 찬 곳이라는 것을 아이는 부모를 통해 배우기 때문입니다.

오늘 나는 어떤 표정으로 어떤 말투로 아이를 대했나요?

아이의 기억 속 엄마와 아빠는 언제나 믿음직스럽고 자신을 충분하게 사랑해 주는 존재로 기억되기를 바랍니다.

> **그림책이 던지는 질문**
>
> **Q.** 부부간의 갈등이 있을 때 어떻게 해결하나요?
> **Q.** 평소 아이를 어떤 태도로, 표정으로, 말투로 대하는지 생각해 봅시다.

다정하게 안부를 묻는 방식

『오늘 뭐 했니?』

오늘 뭐 했니?
이서영 지음 / 한림출판사 / 2022

"나나야, 오늘 뭐 했니?"

너의 하루를 묻는 다정한 질문

"나나야, 오늘 뭐 했니?"라는 아빠의 질문에 나나는 "비밀!"이라고 대답합니다. 아빠는 나나가 어떤 하루를 보냈는지 궁금하기만 한데 비밀이라고 하는 나나에게 "그러면 우산이랑 장화는 뭐 했니?"라고 묻습니다. 나나는 우산은 빗방울을 만나서 토도독 소리를 내고 장화는 웅덩이를 만나 찰박찰박 박수를 쳤다고 신이 나 이야기를 합니다. 아빠는 그러다 나나 무릎에 공룡 반창고가 붙어있는 것을 발견합니다. 아빠는 "나나 무릎에 공룡들이 앉아 있네. 공룡들은 오늘 뭐했니?"라고 질문하자 산책 시간에 넘어지는 바람에 공룡이 아프지 말라고 호~ 해주었다고 말합니다. 손에 묻은 크레파스를 보고는 "크레파스는 뭐 했니?"라고 묻습니다. 유치원을 마치고 집으로 돌아온 나나의 모습과 물건에 관심을 기울이며 오늘 하루가 어땠는지 묻는 아빠의 진심에 오늘 무엇을 했는지 말하기 부담스러웠던 나나는 차근차근 자신의 이야기를 들려줍니다.

아이의 하루가 궁금한 부모는 "오늘 뭐 했니?"라는 질문을 줄곧 던집니다. 자신의 하루를 재잘재잘 이야기하는 아이가 있는가 하면 물어도 대답하지 않는 아이도 있습니다. "오늘 뭐 했니?"라는 아빠의 질문에 나나는 그건 비밀이라면서 처음에는 이야기를 해 주지 않습니다. 비밀로 부치는 아이의 말에 아빠는 대답을 재촉하거나 꾸짖거나 상처받지 않습니다. 그저 "그러면 우산이랑 장화는 뭐 했니?"라며 나나의 물건과 모습에 집중하며 다정하게 그들의 안부를 묻는 방식을 택합니다. 아이가 말해 주지 않아도 서운해하지 않고 다른 방식으로 따듯하게 질문을 건네는 아빠의 모습이 참 다정다감하게 다가옵니다.

너의 하루가 궁금해

저는 어린이집이 끝나고 하원한 아이에게 "오늘은 뭐 하고 놀았어? 오늘은 어떤 간식 먹었어?"라고 항상 묻습니다. 엄마와 오랜 시간 떨어져 어린이집에서 무엇을 하며 놀았는지, 어떤 음식을 먹었는지, 친구들과 재미있게 잘 놀았는지, 낮잠은 잘 잤는지, 선생님 말씀은 잘 들었는지 궁금한 것이 많기 때문입니다. 하지만 만나면 물어볼 것투성이인 저와는 다르게 아이는 퉁명스러울 때가 많았습니다. 엄마가 별로 보고 싶지 않았던 건가? 반갑지 않은 건가? 하는 생각에 상처를 받기도 했습니다. 때로는 엄마한테 말해 주는 것이 싫냐며 볼멘소리도 해보고 선생님께서 작성해 주신 알림장의 내용을 바탕으로 슬쩍 오늘 뭐하고 놀았는지 대답을 유도해 볼 때도 있었습니다.

하지만 이 그림책을 보고 저의 평소 모습을 반성하게 되었습니다. 때로는 아이도 말하고 싶지 않을 때가 있다는 사실을 말입니다. 어쩌면 "오늘 뭐 했니?"라는 질문은 아이 입장에서 너무 거대해서 어떻게 대답을 해야 할지 모를 수도 있다는 생각이 들었습니다. 우리도 때로 이런 질문에 하루에 너무 많은 일들이 일어나서 어디서부터 이야기를 꺼내야 할지 멈칫할 때도 있고, 그냥 말하고 싶지 않을 때도 있고, 평소와 별다를 바가 없어서 말을 하지 않을 때도 있는 것처럼 말입니다. 아이에게 빨리 말해 보라며 재촉하거나, "엄마가 너 오늘 뭐 했는지 다 알고 있으니 뭐라도 좀 말해 봐." 윽박지르지 않고 나나의 아빠처럼 다정하게 다른 방식으로 물어봐 주면 좋지 않았을까요?

다정하고 포근하게

나나의 아빠는 하원하고 온 나나의 옷차림, 숟가락, 크레파스, 손과 발. 나나의 모든 것에 관심을 기울이고 나나가 부담스럽지 않게 다정하게 질문을 던집니다. 그러니 나나도 부담을 느끼지 않고 편하게 자신의 이야기를 술술 풀어놓을 수 있습니다. 이렇게 아빠의 질문에 대답을 해가며 나나가 오늘 어떤 하루를 보냈는지 차분하게 곱씹어 볼 수 있습니다.

하늘이 별빛 커튼을 드리우는 저녁에 돌아온 엄마에게 나나는 "엄마! 엄마는 오늘 뭐 했어요?"라며 엄마를 따뜻하게 안아 주고 엄마의 하루에 안부를 묻습니다. 아빠에게서 배운 다정함이 묻어 있는 질문이라 그런지 저에게는 이 장면이 더 큰 감동으로 다가왔습니다. 진심으로 엄마를 안아 주는 모습 또한 감동이었습니다.

나를 향한 다정한 안부

"오늘 뭐 했니?"라는 질문은 그 사람에 대한 사랑과 관심의 또 다른 표현입니다. 네가 어떤 하루를 보냈는지 알고 싶다는 말은 그 사람에게 내가 중요한 사람이라는 것을 의미하기 때문입니다. 한때 이 질문이 세상에서 가장 싫었던 적이 있습니다. 바로 아이를 낳고 백일이 되기 전까지입니다. 아이를 재우고 먹이고 달래고 놀아 주고 기저귀 갈아 주고 매번 비슷한 일상이라 딱히 뭐라고 해줄 말이 없었습니다. 분유는 몇 번 주었고 몇 ml를 먹었고 낮잠은 몇 번 잤고 기저귀는 몇 번 갈아 주었는지를 말해 주는 것이 무슨 의미가 있을까? 하는 생각이 들곤 했습니다. 하지만 이제는 압니다. 오늘 일어난 일이 정말 궁금해 물어본 질문이기도 하지만 나의 하루의 안부를 물어 주는 다정한 인사말과도 같다는 것을 말입니다. 이제는 이 질문이 예전만큼 부담스럽거나 싫지만은 않은 이유이기도 합니다.

부모라는 이유로 아이의 모든 것을 알 필요는 없습니다. 아이에게도 말하고 싶지 않은 비밀이 있을 수도 있으며 자신의 사생활을 존중받아야 할 필요가 있습니다. 아이의 하루가 궁금하고 걱정되기도 하지만 아이가 오늘 하루를 잘 보냈을 것이라는 믿음과 묵묵한 기다림이야말로 부모에게 필요한 자세가 아닐까요?

오늘도 저는 아이에게 "오늘 뭐 했니?"라고 물어볼 겁니다. 아무런 대답을 하지 않아도 서운해하지 않습니다. 아이에게 저의 진심과 사랑은 마음에 가닿았다는 것을 잘 알기 때문입니다.

그림책이 던지는 질문

Q. "오늘 뭐 했니?"라는 질문에 아이가 대답하지 않았을 때 어떻게 반응하시나요?

Q. "오늘 뭐 했니?"라는 질문에 아이는 어떤 대답을 했나요?

에필로그

 책의 원고를 쓰는 동안 아이들과 함께 읽은 그림책을 다시 들춰 보고 읽어 보았습니다. 아이와 어떤 이야기를 나누었는지, 어떤 기분이 들었는지 한 페이지, 한 페이지 넘길 때마다 새록새록 그림책의 한 장면들처럼 행복한 순간들이 머릿속에 떠올랐습니다. 무릎에 아이들을 앉히고 함께 그림책을 읽을 때 저는 무한한 행복과 감동을 느꼈습니다. 그림책을 읽는 순간만큼은 온 세상이 멈춘 것 같았습니다.

 그래서 아이들이 새근새근 잠든 밤, 방문을 열고 나와 식탁에 앉아 조금씩 글을 쓰기 시작했습니다. 아이들과 함께 읽은 그림책의 장면들과 우리가 함께 나눈 이야기, 그리고 그 순간들을 마냥 흘려보내기 아쉬워서 행복한 순간을 오래도록 기억하고 싶어서 사랑을 담아 한 글자, 한 글자 적어 나갔습니다.

단순히 그림책을 소개하고, 무엇을 느껴야 하는지 알려 주기보다 그림책과 함께하는 엄마의 일상과 행복을 전하고 싶었습니다. 그림책이 저에게 엄마의 행복을, 일상의 소중함을 알려 준 것처럼 여러분께도 그림책의 감동을 선물하고 싶었습니다. 책을 읽으며 '나도 한 번 그림책을 읽어 볼까?', '그림책으로 아이와 어떤 이야기를 나눌까?'라는 마음이 조금이라도 들었으면 좋겠습니다.

그림책 같은 일상이 여러분 앞에 펼쳐지기를, 여러분의 삶에 그림책의 행복이 깃들기를 간절히 소망합니다. 그 흥미로운 여정에 기꺼이 동행해 주셔서 감사드립니다.

글을 써 보라고 용기를 준 남편에게, 부족하지만 엄마에게 무한한 사랑을 주는 두 아이에게 고맙고 사랑한다는 말을 전하고 싶습니다. 책이 세상에 나올 수 있도록 기회를 주신 출판사와 많은 도움을 주신 편집자님께도 감사드립니다.

마지막으로 이 책이 언제나 저를 사랑으로 키워 주시고 성실한 삶의 자세를 보여 주시는 부모님과 언제나 누나 편인 동생에게 인생의 커다란 선물이자 기쁨이 되었으면 좋겠습니다.

오늘도 더 나은 엄마가 되기 위해 고민하고 걱정하는 엄마들에게 따듯한 손난로 같은 책이 되기를 소망합니다.

감사합니다.